# MANAGEN & DELEGIEREN

## Top-Tools für Führungskräfte

**FINANCIAL TIMES PRENTICE HALL**

München • Amsterdam • Hong Kong • Kapstadt
London • Madrid • New York • Paris • San Francisco
Singapur • Sydney • Tokio • Toronto

# Inhalt

# Einführung

Über Ihre Eingangsablage können Sie schon
längst nicht mehr hinwegschauen, Ihr Telefon
ist unter Notizzetteln und Listen mit noch zu erledigenden Dingen verschwunden, Ihr Chef will
Sie in fünf Minuten sprechen, in einer Viertelstunde beginnt eine wichtige Konferenz und
der Empfang hat gerade angerufen – Sie haben Besuch ...

Kommt Ihnen das bekannt vor? Gehören Sie zu
den Millionen Menschen, für die der Job immer so hektisch ist, dass sie kaum Zeit haben,
Luft zu holen? Dann ist dies das richtige Buch
für Sie. Der Markt hält unendlich viele Ratgeber mit vermeintlichen Tipps bereit, wie man
niemals mit der Arbeit in Verzug gerät. Der
Großteil der Ratschläge ist aber leider völlig
unrealistisch und utopisch. Außerdem ist es in
Ihrer Situation dafür viel zu spät; Sie sind bereits in Verzug, und die Frage lautet jetzt: »Wie
kann ich diesen Berg an Arbeit wieder loswerden?«

Unser Buch liefert die Antwort. Am besten wäre es, wenn Sie sich einen Tag Luft verschaffen
könnten, um wieder Herr der Lage zu werden.
Die Vorstellung, mehrere Tage Zeit zu haben
und dann mit einem sauberen Schreibtisch
neu anzufangen, gehört leider ins Reich der Il-
lusionen. Wir leben in einer anderen Welt, und
hier müssen Sie schnell denken und handeln.
Was Sie brauchen, sind:

- ▶ **Tipps**, um die Situation rasch wieder in den Griff zu bekommen,
- ▶ **Shortcuts**, um unnötige Arbeit zu vermeiden,
- ▶ **Checklisten**, um sicherzugehen, dass Sie an alles Wesentliche gedacht haben.

Das alles sollte möglichst klar und einfach formuliert sein – und natürlich kurz genug, um es schnell durchlesen zu können. Voilà, hier ist es!

Für den Fall, dass die Zeit wirklich knapp ist (und wann ist sie das nicht?!), finden Sie am Ende des Buches eine Checkliste, mit deren Hilfe Sie alles an einem halben Tag schaffen können, möglicherweise sogar an einem Abend, wenn Sie im Büro alleine sind. Steht Ihnen das Wasser schon bis zum Hals und Sie haben nicht einmal einen halben Tag Zeit, gibt es hinten auch eine Checkliste, mit der Sie sich innerhalb einer Stunde Luft verschaffen.

Also: Atmen Sie tief durch. Keine Panik! Alles, was Sie wissen müssen, steht in diesem Buch. Es wird Ihnen helfen, die Kontrolle über Ihre Arbeit zurückzugewinnen – zur Not innerhalb einer Stunde. Steht Ihnen mehr Zeit zur Verfügung, umso besser. Wenn Sie also den ganzen Vormittag Zeit haben, können Sie sich etwas besser fühlen. Hatten Sie schon Probleme, genügend Zeit zu finden, um diese Einleitung zu lesen? Im ersten Abschnitt finden Sie einige Ratschläge, mit deren Hilfe Sie sich ausreichend Luft verschaffen können, um auch den Rest zu lesen.

**Nur keine Panik: erst einmal tief durchatmen und die Gedanken sammeln**

## x-presso

In diesem Buch werden Sie durch die sechs wichtigsten Schritte geführt, die nötig sind, um den Arbeitsüberhang abzubauen:

▶ Sie müssen sich die Zeit schaffen, um den Stapel angesammelter Arbeit zu sortieren. Damit wollen wir auch beginnen.

▶ Im nächsten Schritt müssen Sie Ihre Ziele definieren. Nur so können Sie die Arbeit so effektiv und produktiv wie möglich bewältigen.

▶ Anschließend werden wir festlegen, wie man die vielen Einzelaufgaben in einer übersichtlichen Anzahl von Gruppen bündelt.

▶ Als Nächstes wägen Sie Ihre Ziele ab, damit Sie Prioritäten setzen können.

▶ Dann geht es darum, die eigentlichen Aufgaben anzugehen und die Alternativen zu prüfen: Selber machen? Hinausschieben? Delegieren? Wegwerfen?

▶ Und schließlich schauen wir uns noch an, wie Sie Ihre eigenen Aufgaben mit möglichst geringem Zeitaufwand erledigen.

Im Verlauf des Buches werde ich Ihnen zeigen, wie Sie vermeiden können, noch einmal in diese Situation zu geraten. Dieser Ratgeber ist also nicht nur in einer aktuellen Krise nützlich.

# Achtung Zeitdruck!

Natürlich hätten Sie gar nicht erst in eine derartige Lage geraten dürfen, aber dass das Leben einen dermaßen mit Arbeit zuschüttet, kann man ja nicht ahnen, oder? Idealerweise sollten Sie sich die nächsten Tage lang nur darauf konzentrieren, die aufgestapelte Arbeit zu sortieren und die vielen Nachrichten auf dem Anrufbeantworter abzuhören. Lassen Sie uns aber realistisch bleiben: Für den Anfang ist es schon gut, dass Sie überhaupt die Zeit gefunden haben, dieses Buch zu lesen und danach zu handeln.

Nur für alle Fälle sei es trotzdem erwähnt: Vielleicht wachen Sie eines Tages in einem Paralleluniversum auf, in dem die Arbeit niemals die zur Verfügung stehende Zeit überschreitet. Warum sollten Sie in diesem unwahrscheinlichen Fall mehr Zeit als jetzt darauf verwenden, Ihren Überhang an Arbeit aufzuarbeiten? Es muss nicht unbedingt die beste Lösung sein, wenn man – bildlich gesprochen – eine Bombe unter dem Schreibtisch zündet und ihn so innerhalb von Sekunden aufräumt.

**Konzentrieren Sie sich darauf, Liegengebliebenes zu sortieren**

▶ Besitzen Sie keine Zeitmaschine, ist auch Ihr Tag nur 24 Stunden zu je 60 Minuten lang. Zweifelsohne befindet sich jede Menge Überflüssiges auf Ihrem Schreibtisch, bei vielen weiteren Dingen ist es inzwischen zum Handeln zu spät oder sie können problemlos weitergegeben werden. Trotzdem werden Sie viele Aufgaben selber erledigen müssen. Je mehr es sind, desto länger wird es dauern, sie ordentlich zu bearbeiten.

▶ Vom Zeitfaktor hängt es ab, wie machbar und einfach Ihnen die Aufgabe erscheinen wird. Die einzigen Leute, denen es Freude macht, unter Zeitdruck einen Berg an Arbeit aus der Welt zu schaffen, sind diese furchtbaren Perfektionisten, die ohnehin immer mit ihrer Arbeit im Soll sind. Wollen Sie wirklich einer von diesen Leuten sein? (Na ja, eigentlich schon ... sobald Sie den jetzigen Haufen vom Tisch haben, sind Sie auch einer von denen.)

▶ Befolgen Sie die Hinweise in diesem Buch, dann werden Sie natürlich ausreichend Zeit haben, um Ihre Arbeitsberge abzubauen. Aber wenn man das unter massivem Zeitdruck erledigen muss, kann es trotzdem sehr stressig sein. Bei zu hohem Blutdruck ist das gewiss nicht förderlich.

▶ Lassen sich alle Aufgaben, um die Sie sich kümmern müssen und die Ihre ganze Aufmerksamkeit erfordern, leicht erledigen, ist die Arbeit weniger frustrierend. Sind Leute, die Sie anrufen, nicht im Büro, brauchen Lieferanten für die dringend benötigten Zahlen mindestens 48 Stunden, gibt Ihr Laptop den Dienst auf oder kommt es zu einem der vielen anderen möglichen Ärgernisse, die das Leben zu bieten hat, ist es besser, wenn Sie für die nächsten paar Tage gewappnet sind und nicht alles bis morgen Nachmittag unter Dach und Fach haben müssen.

▶ Einige Aufgaben werden Sie delegieren müssen. Handelt es sich um Dringendes und die Person, an die Sie die Arbeit übertragen wollten, ist nicht da, haben Sie ein Problem. Selbst wenn die Person da ist, kann es hart sein, praktisch ohne Voranmeldung eine dringende Aufgabe auf den Schreibtisch zu bekommen. Und vielleicht hat Ihr Kollege oder Ihre Kollegin sogar noch mehr Arbeit auf dem Tisch! (Eigentlich ein erfrischender Gedanke, nicht wahr?)

Also: Obwohl sich die Aufgaben durch schnelles Denken erfolgreich abbauen lassen, macht es die Arbeit noch effektiver und weniger frustrierend, wenn Sie mehr Zeit zur Verfügung haben. Natürlich sollten Sie die Ratschläge in diesem Buch befolgen und nicht noch einmal in eine solche Situation geraten. Passiert es trotzdem, sollten Sie wenigstens versuchen, sich mehr Zeit für die Krisenbewältigung zuzugestehen.

Also: Das Schlimmste ist immer, panisch an allen Ecken und Enden gleichzeitig Feuerwehr spielen zu müssen. Auch wenn Sie in der momentanen Situation glauben, alles auf einmal bewältigen zu müssen, es gibt für alles eine Lösung. Wenn absehbar wird, dass in der Eile nicht alles erledigt werden kann, müssen zumindest Prioritäten gesetzt und Schäden begrenzt werden – etwa indem man Partnern

**Krisenbewältigung braucht Zeit. Nehmen Sie sich genug, und setzen Sie Prioritäten**

Verzögerungen rechtzeitig ankündigt. Einen Fehler sollten Sie allerdings nicht begehen: Auch wenn das Telefonat etwas unangenehm ist, schieben Sie es nicht bis auf die letzte Minute hinaus. Denn nichts wird Ihre Geschäftspartner mehr verärgern, als erst dann informiert zu werden, wenn es bereits brennt.

# Das Problem

Sie müssen also die Arbeit von sechs Wochen in den nächsten zwei Tagen erledigen? Zur Hilfe haben Sie sich dieses Buch gekauft, und da steht, Sie benötigen noch mehr Zeit, um die Ratschläge zu befolgen?! Na toll. Genau das hat Ihnen gerade noch gefehlt. Dafür hätten Sie diese Investition nicht machen müssen!

Keine Sorge – es ist ein fairer Tausch. Natürlich scheint es am Thema vorbeizuzielen, wenn man von Ihnen erwartet, sich noch mehr Zeit zu verschaffen. Tief in Ihrem Innern wissen Sie aber, dass all die Arbeit nicht von alleine verschwinden wird. Es bleibt Ihnen keine Wahl: Sie müssen aktiv werden, und das dauert nun einmal. Um zu zeigen, dass ich Ihnen tatsächlich helfen werde, gebe ich Ihnen ein paar Hinweise, wie Sie sich die notwendige Zeit verschaffen können. Sie werden sehen, es lohnt sich, das Buch aufmerksam zu lesen, und die Tipps zu befolgen.

> **Zögern Sie unangenehme Pflichten und Aufgaben nicht noch länger hinaus**

## Sofort zum Geschäftsführer!

Sie glauben vielleicht, absolut keine Zeit mehr erübrigen zu können, aber ich wette, Sie könnten es trotzdem, wenn es nur einen überzeugenden Grund gibt. In welchen der folgenden Fälle würden Sie sich die Zeit nehmen, obwohl sich Ihr Schreibtisch schon unter der Arbeitslast biegt?

▶ Der Geschäftsführer steht kurz davor zu entscheiden, wen er befördern soll. Gleich morgen früh will er Sie für eine einstündige Be-
sprechung sehen.
▶ Ihr wichtigster Kunde ruft an. Er ist fast so
weit, seine letzte Order zu verdoppeln, aber
vorher ist es unbedingt notwendig, dass Sie
sich morgen Nachmittag persönlich mit
dem Geschäftsführer des Unternehmens
treffen.
▶ Das Gleiche wie vorher, nur sitzt der Kunde
am anderen Ende Europas.

Zweifelsohne würden Sie in den meisten (wenn
nicht gar allen) Fällen die nötige Zeit finden,
nicht wahr? Okay, das Aufräumen Ihres
Schreibtisches ist vielleicht nicht so dringend
oder so bedeutungsvoll wie die obigen Beispiele, aber was ich damit sagen wollte, ist, dass
es durchaus möglich ist, Zeit zu finden, wenn
es sein muss. Sie müssen nur beschließen,
dass es sein muss. Da Sie dieses Buch gekauft
haben, brauche ich Sie nicht lange davon überzeugen, schätze ich. Falls doch, gebe ich Ihnen
hier einige Gründe, warum es so wichtig ist,
Herr seiner Arbeit zu sein, anstatt von ihr be-
herrscht zu werden:

▶ Häuft sich die Arbeit, entgehen Ihnen wahrscheinlich wichtige oder dringende Aufgaben oder Sie fallen Ihnen erst wieder ein,
wenn es zu spät ist, um Sie anständig zu erledigen.
▶ In Arbeit zu ersticken, ist extrem stressig.

## Auf den Punkt

Sagen Sie sich, dass soeben eine eintägige Präsentation für einen wichtigen Kunden oder für den Aufsichtsrat angesetzt wurde, und zwar für morgen. Können Sie das? Großartig. Und jetzt die gute Nachricht: Die Präsentation wurde gerade wieder abgesagt! – Nachdem Sie sich eben den morgigen Tag für den wichtigen Termin freigemacht hatten, haben Sie also nun die Zeit, stattdessen Ihren Berg an Arbeit abzubauen.

▶ Schaffen Sie die Routinearbeiten nicht, werden Sie auch keine Zeit haben für wichtige Aufgaben oder solche, bei denen Sie Eigeninitiative zeigen können.

▶ Erfolgreich sind die Menschen, die ihre Aufgaben erledigen. Türmt sich die Arbeit auf dem Schreibtisch, ist das offensichtlich nicht der Fall.

▶ Ergeben sich wichtige Entwicklungen, können Sie für diese Dinge nicht die nötige Aufmerksamkeit aufbringen, ohne dass andere Bereiche darunter leiden.

**Werden Sie Herr Ihrer Arbeit, statt sich von Ihrer Arbeit beherrschen zu lassen**

## Freie Zeit schaffen

Sie wissen, dass es nötig ist, die Frage ist nur: Woher die Zeit nehmen? Versuchen Sie, sich Luft für einen ganzen Tag zu verschaffen, und zwar ohne Störungen und Ablenkungen.

▶ Legen Sie von vornherein fest, welchen Tag Sie darauf verwenden wollen, Ihren Schreibtisch aufzuräumen, und tragen Sie das Datum mit Kugelschreiber oder nicht löschbarer Tinte in Ihren Terminkalender ein. Erlauben Sie nicht, dass Ihnen irgendetwas an diesem Tag dazwischenkommt. Tun Sie so, als sei es der Eintrag für eine äußerst wichtige Konferenz oder der Tag, für den Sie den Rückflug aus Australien gebucht haben.

► Nehmen Sie die Hilfe von Assistenten, Sekretärinnen oder anderen Teammitgliedern in Anspruch. Sie sollen Sie unterstützen und dafür sorgen, dass Sie an dem ausgesuchten Tag wirklich für niemanden zu sprechen sind; sie sollen alle Anrufe entgegennehmen, sich um alle Besucher kümmern, Ihnen keine neue Arbeit auf den Tisch legen und Sie den ganzen Tag nicht stören – nur dieses eine Mal!

► Vielleicht hilft es Ihnen, wenn Sie an diesem Tag oder zumindest für einige Stunden von zu Hause aus arbeiten. Noch besser wäre es, wenn Sie an einem ganz anderen Ort arbeiten, wo niemand Ihre Nummer hat, Sie im Notfall aber trotzdem Anrufe tätigen können. Ist das vielleicht im Haus eines Freundes möglich? Stellen Sie aber sicher, dass niemand dort ist, der Sie stören oder mit einer Einladung zum Mittagessen im Restaurant um die Ecke ablenken kann!

► Abende oder Wochenenden sind alles andere als ideal, denn normalerweise kann man dann nichts delegieren. Außerdem lassen sich viele Fragen außerhalb der regulären Arbeitszeit nicht klären und auch mit bestimmten Aufgaben kommt man nicht voran. Der erste Schritt jedoch, nämlich die Vorbereitung, kann nach Feierabend oder am Wochenende getan werden. Anschließend können Sie mit zwei fertigen Listen im Büro erscheinen – eine mit Aufgaben zum Delegieren, eine weitere mit Dingen, die Sie selber erledigen. Sie müssen dann noch festlegen, wann Sie sich an Ihre Arbeit machen. Die Vorbereitung außerhalb der Bürostunden ist also eine gute Möglichkeit, die Arbeitszeit für das aktuelle Tagesgeschäft nicht zu sehr für den Abbau der Altlasten einschränken zu müssen.

Ihnen ist es ernst damit, Ihren Tisch wieder leer zu räumen, also werden Sie den nötigen Freiraum auch finden – Ihnen bleibt ja keine andere Wahl! Je länger Sie diese Aufgabe vor sich herschieben, desto schlimmer wird es. Genau das Gleiche hat meine Mutter auch immer zu mir gesagt, wenn es darum ging, mein

## Auf den Punkt

Wenn es Ihnen partout nicht möglich ist, so viel Zeit auf einen Schlag zu erübrigen, warum fangen Sie dann nicht jeden Tag eine Stunde eher an? Auf diese Weise verschaffen Sie sich fünf Stunden Zeit, in denen noch niemand im Büro ist und etwas von Ihnen will. Seien Sie streng mit sich und kümmern Sie sich in diesen fünf Stunden ausschließlich darum, Ihren Überhang abzubauen.

**Unterscheiden Sie Aufgaben, die Sie delegieren können, von denen, die Sie selbst erledigen müssen**

Zimmer aufzuräumen. Im Grunde genommen ist es auch dasselbe. Und so sehr es mich schmerzt, das zuzugeben – sie hatte Recht! Also, die wichtigsten drei Schritte sind:

▶ Suchen Sie sich einen Termin aus,
▶ halten Sie sich daran,
▶ sorgen Sie dafür, dass Sie nicht gestört oder abgelenkt werden.

So einfach ist das.

# Was wollen Sie erreichen?

Dieser Punkt ist für Sie vielleicht ein wenig überraschend. Sie fragen sich vermutlich, was Zielsetzung damit zu tun hat, so viel Arbeit wie möglich vom Tisch zu bekommen. Tatsächlich ist dieser Punkt jedoch von zentraler Bedeutung für die ganze Aufgabe. Es geht mir nicht darum zu klären, was Sie erreichen wollen – diese Frage ist ja geklärt: Sie wollen die Arbeitsmengen auf Ihrem Schreibtisch, in Ihrem Computer, auf dem Anrufbeantworter und auf Ihrer geistigen Liste so weit reduzieren, dass sie wieder ein verträgliches Maß haben. Was ich meine, sind die großen Punkte: Ihre persönlichen Ziele. Wozu sind Sie hier? Halten Sie kurz inne und beantworten Sie die Frage ganz ehrlich.

Ihnen bleiben womöglich nur wenige Stunden, um alles aufzuarbeiten, trotzdem rate ich Ihnen, die ersten paar Minuten dieser Frage zu widmen. Bei all den wöchentlichen Konferenzen, den Haushaltsplanungen, den Anfragen, den Rechnungen, die genehmigt werden müssen, und all den anderen Sachen gerät Ihre eigentliche Aufgabe viel zu schnell in den Hintergrund: Sie sind da, um die Verkäufe anzukurbeln, die Zufriedenheit der Kunden zu erhöhen, Werbung zu machen, die Produktivität zu steigern oder wofür auch immer das

**Eine Gedenkminute: Werden Sie sich klar darüber, was Ihre wirklichen Aufgaben sind**

17

## Auf den Punkt

Sie brauchen nicht viel Zeit, um Ihre Ziele zu erkennen ... höchstens fünf Minuten, vielleicht auch weniger. Aber die Aufgabe, die vor Ihnen liegt, wird Ihnen auf lange Sicht sehr viel schneller von der Hand gehen, wenn Sie einen Moment innehalten und über diesen Punkt nachdenken.

nehmen Sie sonst bezahlt. Selbstverständlich sind auch all die anderen Dinge wichtig und mir liegt es fern zu sagen, dass sie nicht getan werden sollten. Aber wenn Sie Ihre Hauptaufgabe nicht gut erledigen, ist der ganze Rest bedeutungslos. Also definieren Sie für sich ein klares Ziel. Hier sind einige der verschiedenen Beispiele:

▶ Verkauf: Steigerung der Profite,
▶ Buchhaltung und Rechnungswesen: rechtzeitige und akkurate Ermittlung der Daten für die Steuererklärungen, Lohn- und Gehaltsabrechnung,
▶ Herstellung: Verbesserung der Produktivität,
▶ PR: positive Beeinflussung des öffentlichen Images Ihres Unternehmens,
▶ Versand: schnellen, hochwertigen Versand zu minimalen Kosten erreichen,
▶ Marketing: Kundenloyalität festigen und neue Kunden gewinnen. Besinnen Sie sich auf Ihre eigentlichen Aufgaben, für die Sie ja vor einiger Zeit eingestellt wurden.

Wenn Sie in einem dieser Bereiche arbeiten, aber das Gefühl haben, dass Ihr Job eine etwas andere Ausrichtung hat, ist das auch in Ordnung, es handelt sich ja nur um Beispiele. Als Manager im Marketingbereich beispielsweise könnte Ihre Hauptaufgabe darin bestehen, neue Kunden anzuwerben, während sich Ihr Verkaufsteam darum kümmert, die Bindung zu den bestehenden Kunden für die weitere Zusammenarbeit zu stärken.

Haben Sie wirklich nicht die geringste Ahnung, wie Sie Ihre Ziele zu setzen haben, dann stimmt etwas in Ihrem Unternehmen nicht, und ich schätze, Sie sind nicht der Einzige, der dort an Arbeit erstickt. Die Aufgabenbeschreibung für Ihren Posten sollte eindeutig sein. Ist das nicht der Fall, sollte wenigstens Ihr Chef Ihnen eine klare Antwort geben können.

Ihr Ziel muss klar sein, sonst können Sie, wie wir später sehen werden, keine Prioritäten für die zu erledigenden Aufgaben setzen. Dinge, die Ihnen direkt dabei helfen, Ihre Ziele zu erreichen, sind natürlich wichtiger als die Berge

**Wenn Sie Ihre Ziele nicht erkennen können, stimmt etwas in Ihrem Unternehmen nicht**

## Auf den Punkt

Wenn Sie unsicher sind, wie Ihre Ziele genau aussehen, stellen Sie sich die folgende Frage: Welchen Aspekt in der Unternehmensleistung wollen Sie verbessert haben, wenn Sie aus diesem Job ausscheiden? Die Kundenzufriedenheit? Die Verkaufszahlen? Die Produktivität? Die Kosten? Das öffentliche Image? Beantworten Sie diese Frage und Sie kennen Ihr Ziel.

an Aufgaben, die bestenfalls indirekt damit in Zusammenhang stehen. Solange Sie Ihre Ziele nicht genau kennen, können Sie auch nicht sagen, welche Aufgabe in welche Kategorie gehört. Also: Dieser Punkt ist entscheidend, egal, unter wie viel Zeitdruck Sie stehen.

Außerdem wird der Zeitdruck auch zukünftig garantiert nicht dadurch weniger, dass Sie kein Konzept dagegen entwickeln können. Setzen Sie sich also wenige Minuten hin, entspannen Sie sich und atmen tief durch und listen Sie die anstehenden Aufgaben ihrer Wichtigkeit nach auf.

Wenn Sie diese Krise gemeistert haben, bleibt Ihre Zielsetzung auch in Zukunft ein wichtiger Leitfaden dafür, welche Dinge Priorität bekommen sollten. Aber das ist noch nicht alles: Wenn Sie schlau sind, halten Sie sich jede Woche in Ihrem Terminkalender einen Zeitraum frei, den Sie ausschließlich dazu nutzen, Ihre Ziele zu erreichen. An einigen halben Tagen pro Woche arbeiten Sie nur an solchen Aufgaben, die Sie im Hinblick auf Ihre Zielsetzung voranbringen. Dazu gehört auch die Zeit, neue Ideen zu entwickeln.

Eigene Kreativität ist schließlich die beste Voraussetzung, um in einem Unternehmen dauerhaft sinnvoll eingesetzt werden zu können. Darüber hinaus ist es eine Fähigkeit, die Ihnen auch in Ihrem privaten Bereich sehr hilfreich sein kann.

Menschen, die das schaffen, sind in ihrem Job wirklich erfolgreich. Sie halten die Dinge nicht einfach nur am Laufen, sie sorgen auch dafür, dass etwas passiert. Das sind die Leute, die von der Unternehmensführung bemerkt werden und am schnellsten die Karriereleiter hinaufsteigen. Wenn Sie noch nicht zu diesen Menschen gehören, wäre jetzt ein guter Zeitpunkt, damit anzufangen.

# Planen Sie künftig Zeit für die Entwicklung neuer Ideen ein

# Wie organisieren Sie die Aufgaben?

Ich weiß, ich weiß: Sie wollen am liebsten gleich loslegen und etwas tun, anstatt vorher erst alles großartig zu organisieren. Aber vertrauen Sie mir: Auf lange Sicht wird dieser Schritt sehr nützlich sein. Sie werden den Berg an Aufgaben nicht nur schneller abbauen, sondern auch in Zukunft bessere Arbeit leisten. Ehrlich!

Es gibt zwei Gründe für diesen Zwischenschritt:

▶ Steckt man bis zum Hals in Arbeit, sieht man im Geist einen riesigen verschwommenen Haufen Aufgaben auf sich lauern. Einige Dinge sind niedergeschrieben, andere warten im Computer oder auf dem Anrufbeantworter, wieder andere Dinge haben Sie im Hinterkopf. Kein Wunder, dass einem das Problem unlösbar erscheint. Aber durch das Organisieren übernehmen Sie die Kontrolle und bringen das Problem in eine Form, die Ihr Geist verarbeiten kann. Dadurch wird Ihnen die Aufgabe lösbar erscheinen und Sie sind positiv motiviert für alles, was noch auf Sie zukommt.

▶ Nachdem Sie die Aufgaben logisch sortiert haben, können Sie sie effektiver anpacken. Wenn Sie nach dem Zufallsprinzip vorgehen,

verlieren Sie leicht den Faden und übersehen Möglichkeiten, Dinge zu bündeln. Bei ge-
ordnetem Vorgehen dagegen werden Sie
zum Beispiel feststellen, dass ein Dokument
auf Ihrem Schreibtisch ein anderes überflüssig macht. Stoßen Sie jedoch zuerst auf
das ältere, machen Sie sich an die Arbeit,
nur um später festzustellen, dass es Zeitverschwendung war. Wenn Sie Ihre Arbeit organisieren, können Sie später schneller voran-
schreiten.

Also, wie soll die Arbeit organisiert werden?
Beginnen Sie damit, dass Sie alles niederschreiben – auf Papier! Vergessen Sie den
Computer, denn Sie werden die Zettel auf Ihrem Schreibtisch hin- und herschieben müssen. Notieren Sie alle Aufgaben, die Sie derzeit
im Hinterkopf haben. Schreiben Sie jede auf
ein einzelnes Stück Papier, denn sie könnten
auf verschiedenen Haufen landen. Drucken Sie
alle Memos, E-Mails oder sonstigen Dokumente
aus, die Ihr Handeln erfordern. Außerdem werden Sie alle wichtigen Einträge in Ihrem Terminkalender für die nächsten paar Tage auf-
schreiben müssen, besonders diejenigen, die
sich überschneiden.

## Sortieren nach Gruppen

Jetzt müssen Sie beginnen, die Stapel Papiere
zu sortieren. Keine Sorge, es wird nicht lange
dauern. Sie können sich nun langsam entspannen, denn Sie kommen voran, schaffen Ordnung im Chaos. Woraus bestehen nun diese Zet-

**Der Zwischenschritt zum Fortschritt: Alle Aufgaben notieren und sortieren**

## Auf den Punkt

Für diese Phase der Vorbereitung brauchen Sie Platz, damit Sie sich ungehindert bewegen können. Wenn die Aufgaben sauber geordnet vor Ihnen liegen, wird auch Ihr Kopf klarer sein. Arbeiten Sie mit einem Stapel von Dokumenten und Akten, die sich auf Ihrem Schreibtisch türmen, werden Sie sich mental auch weiterhin unaufgeräumt fühlen. Finden Sie also einen freien Tisch oder nehmen Sie den Fußboden zu Hilfe, um dort Ihre Papierberge zu sammeln und zu stapeln.

telstapel? Das hängt von Ihrer Arbeit ab. Für jede wichtige Aufgabe, die Sie erfüllen, sollten Sie einen Stapel machen. Mit Glück sind bereits einige der Dokumente vorsortiert: Vielleicht gibt es bereits einen halben Stapel mit Notizen und Unterlagen für die Präsentation nächste Woche, auf die Sie sich noch nicht vorbereitet haben. Womöglich gibt es auch einen überquellenden Ordner mit Daten für das Budget, das Sie hätten vorbereiten sollen. Sie sehen, der erste Schritt ist schneller getan, als Sie glauben! Das sind die Arten von Kategorien, denen Sie alles zuordnen sollten. Für jedes große Projekt oder jede wichtige Aufgabe gibt es einen Stapel:

▶ Bewerbungen, Stellenausschreibungen und so weiter für einen Posten, der neu zu besetzen ist,
▶ Dokumente und Notizen für die Messe nächsten Monat,

- ▶ Briefe, die Sie noch unterschreiben müssen,
- ▶ eine Datei mit Daten, die Sie noch in Ihren Bericht einbauen wollen,
- ▶ eine Liste mit Anrufen, die Sie erwidern sollen,
- ▶ alles, was zu den Akten kann,
- ▶ Dokumente, Schreiben, Memos, Berichte, die Sie noch lesen müssen ...

... und so weiter. Die genauen Kategorien legen Sie fest, eine ungefähre Vorstellung konnte ich Ihnen hoffentlich geben.

## Sortieren des Restes

Wahrscheinlich dürften Sie beim Aufräumen auf einige Dinge gestoßen sein, die in keine Gruppe passen – einmalige Aufgaben oder vielleicht ein paar locker zusammenhängende Dinge, die aber keine richtige Kategorie ausmachen. Eventuell sind sie auch ganz einfach Müll: längst überholte Daten, E-Mails, die nicht mehr aktuell sind, oder eine Notiz, einen Kollegen anzurufen, der aber schon vor einem Jahr die Firma verlassen hat (ich hoffe, so sehr sind Sie mit Ihrer Arbeit nicht in Verzug!). Also brauchen Sie zwei weitere Haufen:

**Schaffen Sie Ordnungskriterien und viel Platz für die zu ordnenden Dokumente**

- ▶ Verschiedenes: Hier kommt alles hinein, was sonst nirgends hinpasst. Unter dem Strich kommt dabei ein Stapel heraus, der alles enthält, was nicht ordentlich zugeordnet werden konnte. Das ist nicht gut, also versuchen Sie, diesen Stapel so klein wie möglich zu halten. Wächst er zu stark, können Sie ihn vielleicht in neue Gruppen unterteilen. Nehmen wir folgendes Beispiel: Der Stapel enthält eine Erinnerung, dass Sie mit einem Teammitglied reden müssen, weil es Termine nicht einhält, eine E-Mail von einem Kollegen, der Sie bittet, ihm drei Leute für den Messestand nächste Woche zur Verfügung zu stellen, sowie die Bitte eines Mitarbeiters, einen anderen Schreibtisch zu bekommen, der nicht so dicht an der Kaffeemaschine steht, weil man dort häufig abgelenkt wird. Aus diesen Punkten lässt sich eine Gruppe mit Personalangelegenheiten bilden.

▶ Müll: Werfen Sie so viel weg, wie Sie können, vergessen Sie dabei aber nicht, dass Sie später noch einmal Gelegenheit haben werden, Dinge auszusortieren. Verschwenden Sie also nicht allzu viel Zeit mit der Frage, ob

## Auf den Punkt

Wenn Sie Zweifel haben, was in welche Kategorie fällt, machen Sie lieber einen Stapel mehr als einen weniger. Vielleicht haben Sie momentan zwei Stellenausschreibungen laufen und wissen nicht, ob Sie alles auf einen Haufen legen sollen oder nicht. Folgen Sie einfach Ihrem Gefühl, aber wenn Sie sich nicht sicher sind, teilen Sie die Unterlagen erst einmal in zwei Stapel auf. Verschwenden Sie keine Zeit damit, zu lange darüber nachzugrübeln. (Wenn Sie später Ihre Meinung ändern, können Sie die Stapel wieder zusammenfügen.)

etwas weggeworfen werden kann oder nicht. Wenn Sie sicher sind, dass es weg kann – weg damit. Im Augenblick kommt es mehr darauf an, die Kategorien relativ schnell zuzuweisen.

Am Ende dieses Vorgangs sollten Sie ungefähr sechs bis zwölf Kategorien haben (die Haufen für Verschiedenes beziehungsweise für Müll kommen noch dazu) sowie einige kleinere Stapel. Die ganze Aktion dürfte Sie ungefähr eine halbe Stunde gekostet haben, richtig? Eigentlich nicht viel Zeit, und Sie sollten sich jetzt schon viel besser fühlen.

## Machen Sie sich Notizen
Sollten Sie sich jemals wieder in einer ähnlichen Situation befinden – was ja wohl nicht der Fall sein wird, oder? –, dann wäre es fantastisch, wenn Ihr Überhang nicht aus einem Berg an gelben Klebezetteln und Notizblättern

## Auf den Punkt

Den Müll können Sie gleich entsorgen, wenn Sie wollen. Falls sich jedoch eine ganze Menge angesammelt hat, könnte es ermutigend für Sie sein, den Müll-Stapel erst einmal da zu lassen, wo er jetzt ist, damit Sie sehen, welchen Fortschritt Sie schon gemacht haben. Positive Schübe wie dieser können den ganzen Vorgang viel befriedigender machen und Ihnen dabei helfen, sich noch schneller durch die Stapel zu arbeiten.

**Wenn Sie unsicher sind, machen Sie lieber zu viele als zu wenige Stapel**

## Auf den Punkt

Gehen Sie nicht davon aus, dass alle anderen so gut organisiert sind wie Sie. Wenn jemand sagt, er/sie wird zurückrufen, machen Sie sich eine Notiz, damit Sie sich daran erinnern, falls die Person selbst es vergessen sollte. Ansonsten denken auch Sie nicht mehr daran, bis Ihnen zwei Minuten vor der Konferenz siedend heiß einfällt, dass jemand anrufen und Ihnen die für die Konferenz noch notwendigen Informationen geben wollte. Das Gleiche gilt für Lieferanten, die Preisangebote machen wollten.

bestehen würde. Die Lösung ist ganz einfach: Besorgen Sie sich ein Notizbuch und schreiben Sie dort all Ihre Vermerke hinein. Dazu gehören auch alle Ideen und Gedanken, die Sie im Hinterkopf haben. Schreiben Sie sie lieber auf. Notizzettel, die Ihnen andere Leute auf den Tisch legen, kleben Sie ins Notizbuch hinein.

## Für das nächste Mal

Solange Sie das Notizbuch nicht im Zug liegen lassen, haben Sie alles, was Sie brauchen. Und da man ein Notizbuch leicht mit sich herumtragen kann, können Sie es die ganze Zeit bei sich haben. Wann immer Sie nicht im Büro sind und fünf Minuten nichts zu tun haben, können Sie sich über das ein oder andere Thema wieder auf den neuesten Stand bringen.
Es ist effizienter, immer nur an einem Projekt zurzeit zu arbeiten, anstatt mehrere Dinge

gleichzeitig in Angriff zu nehmen. Im Idealfall haben Sie also von vornherein für jedes Projekt oder jede logische Aufgabengruppe einen Ordner. Jede E-Mail, jeder Notizzettel, jedes Stück Papier geht von Anfang an in den korrekten Ordner. Auch ein Ordner für Verschiedenes ist machbar (normalerweise ist das die Eingangsablage), aber Sie sollten jede Woche eine gewisse Spanne Zeit darauf verwenden, diese Ablage aufzuräumen. Wie wär's am Freitagnachmittag und Sie gehen erst nach Hause, wenn die Ablage leer ist? Allzu lange sollte es nicht dauern.

## Halten Sie Ihre Gedanken, Ideen und Vorstellungen in einem Notizbuch fest

# Wo setzen Sie Ihre Prioritäten?

Tut mir leid, aber wir machen uns noch immer nicht an die eigentlichen Aufgaben. Zuerst müssen Sie wissen, welche Sie überhaupt in Angriff nehmen sollen. Die Uhr ist Ihr größter Feind und Sie können nicht alles auf einen Schlag erledigen. Sie sind deshalb gezwungen, einiges auf später zu verschieben. Die Aufgaben müssen in der richtigen Reihenfolge erledigt werden – für die wichtigsten Dinge wird so viel Zeit veranschlagt, wie für ihre Erledigung nötig ist, und nichts Wichtiges bleibt bis zum Schluss liegen. Es gibt lediglich zwei Faktoren, nach denen die Prioritäten festgelegt werden:

▶ Wichtigkeit,
▶ Dringlichkeit.

## Wichtigkeit

Hier kommt Ihnen zugute, dass Sie vorhin über Ihre Ziele nachgedacht haben. Schauen Sie sich einfach alle Kategorien an und wägen Sie sie gegen Ihre eigentliche Aufgabe ab – Profitsteigerung, höhere Kundenzufriedenheit oder was auch immer. Hilft Ihnen diese Aufgabe unmittelbar dabei, Ihr Ziel zu erreichen? Teilen Sie alle Aufgabengruppen in drei Kategorien ein: A ist von entscheidender Bedeutung für Ihr Ziel, B weniger und C nur von geringer bis mäßiger Wichtigkeit.

Angenommen, Sie sind im Rechnungswesen tätig und haben drei Gruppen, die Sie gegen Ihr Ziel abwägen müssen, rechtzeitig die Zahlen für die Steuererklärungen sowie Lohn- und Gehaltsabrechnungen zu liefern. Ihnen sollte klar sein, welche Aufgaben direkt dazu beitragen und welche Sie eher hindern, rechtzeitig am Ziel anzukommen.

Vergessen Sie nicht: Im Augenblick geht es uns nicht um Dringlichkeit, diesem Thema widmen wir uns später. Jetzt bestimmen wir erst einmal die Wichtigkeit. Die Präsentation beispielsweise mag zwar von entscheidender Bedeutung sein, muss aber erst in zwei Wochen vorbereitet werden.

**Wenn Sie Ihre Ziele definiert haben, fällt Ihnen die richtige Reihenfolge der Aufgaben leicht**

Dass Menschen mehr als ein Ziel haben, kommt seltener vor, als Sie vielleicht annehmen, denn es ist meist sehr breit gesteckt und entspricht in etwa dem Ziel der Abteilung. Machen Sie nicht den Fehler zu glauben, Sie hätten mehr als ein Ziel, wenn in Wirklichkeit beide Aufgaben nur Teil eines großen Gesamtziels sind. Aber vielleicht deckt Ihr Aufgabenbereich ja tatsächlich zwei Abteilungen ab, zum Beispiel, wenn Sie im Verkauf und in der Marketingabteilung arbeiten.

In diesem Fall fällt jede Aufgabe, die wichtig für das Erreichen eines der Ziele ist, in die Kategorie A. Sie können hier also genauso Prioritäten setzen wie im anderen Fall, nämlich wenn Sie nur ein Ziel haben.

| Aufgaben-gruppe | Ziel | Wichtig-keit für das Ziel |
|---|---|---|
| Präsentation vorbereiten, um den Aufsichtsrat davon zu überzeugen, neue Buchhaltungs-Software zu bestellen | akkurate, hilfreiche Systeme zur Rechnungsstellung und Zahlung | A |
| Plan für den Umzug in ein größeres Büro | akkurate, hilfreiche Systeme zur Rechnungsstellung und Zahlung | C |
| Stellenplanung für neuen Sachbearbeiter | akkurate, hilfreiche Systeme zur Rechnungsstellung und Zahlung | B |

Inzwischen sollten Sie merken, welche Zeitersparnis Ihnen das Vorsortieren der Unterlagen eingebracht hat. Anstatt für Hunderte von Aufgaben die Prioritäten festzulegen, müssen Sie nur noch über etwa ein gutes Dutzend entscheiden. Alle Aufgaben innerhalb einer Kategorie haben die gleiche Bedeutung.

## Auf den Punkt

Haben Sie Schwierigkeiten, die Wichtigkeit einzelner Aufgabengruppen festzulegen? Dann fragen Sie sich, was geschehen würde, wenn Sie diese Aufgaben einfach nicht erledigten. Welche Folgen hätte das für das Unternehmen? Würde es beispielsweise einen Rückgang der Gewinne bedeuten, steigende Kosten oder schädliche PR, weisen Sie diesen Aufgaben die Kategorie A zu.

## Dringlichkeit

Dringende Aufgaben sind logischerweise diejenigen, die so bald wie möglich erledigt werden müssen. Bei der Festlegung der Prioritäten sollten Sie die Dringlichkeit von der Wichtigkeit trennen, sonst geraten Sie durcheinander. Einige Aufgaben fallen, was die Wichtigkeit angeht, vielleicht nur in die Kategorie C, trotzdem wissen Sie, dass Sie sich bald um sie kümmern müssen.

Die dringenden Aufgaben sollten Sie also separat behandeln. Der Umzug in ein größeres Büro beispielsweise könnte dringend sein, obwohl er von der Wichtigkeit her nur zur Kategorie C gehört. Diese dringenden Gruppen werden wir in die Gesamtliste der Prioritäten einfügen. Wie das genau funktioniert, sehen wir gleich. Es sollte ihnen jedoch nicht allzu viel Zeit zugewiesen werden, wenn Sie nicht wichtig sind. Es sind einfach die Aufgaben, die am schnellsten vom Tisch müssen, mehr nicht. Was tun Sie jedoch, wenn Sie Aufgaben auf Ihrer Liste haben, die Sie selbst nicht als dringend erachten, jemand anderes aber durchaus? Ein Beispiel: Einer Ihrer Kollegen kann die Unterlagen für die Pressemitteilung nicht fertig stellen, bis Sie ihm genau sagen, wann das Produkt auf den Markt kommt. Es ist noch ein paar Wochen hin und Sie haben keine Eile, aber Ihr Kollege wird langsam nervös. Wenn sich die Aufgabe schnell erledigen lässt, ist es vermutlich besser, sie als dringend aufzulisten und so alle glücklich zu machen. Wenn es aber zeitaufwändiger ist, was dann? Versu-

**Beziehen Sie die Prioritäten der Kollegen, die Ihre Arbeitsergebnisse benötigen, mit ein**

chen Sie in diesem Fall, so objektiv wie möglich zu sein. Hat Ihr Kollege Recht? Wie wichtig ist die Pressemitteilung? Wie wichtig ist das exakte Datum? Beurteilen Sie, ob die Aufgabe selber dringend ist, nicht, ob sie für Sie oder einen Kollegen wichtig ist.

## Ihre Prioritäten

Jetzt sollten Sie alle Gruppen in eine Reihenfolge bringen. Die erste Gruppe enthält die wirklich dringenden Dinge, auch wenn sie nicht sehr wichtig sein mögen. Sind sie dringend und wichtig, kommen sie natürlich ganz oben auf die Liste. Die anderen Aufgaben werden nach ihrer Dringlichkeit in absteigender Reihenfolge sortiert:

## Auf den Punkt

Die Versuchung ist groß, Aufgaben, die Spaß bringen, an die Spitze der Liste zu setzen und unangenehme Dinge weiter hinten einzusortieren. Tun Sie das nicht! Seien Sie schonungslos objektiv bei der Beurteilung der Aufgaben, sonst werden Sie im Handumdrehen wieder dort sein, wo Sie angefangen haben – die unwichtigen Dinge sind erledigt und auf Ihrem Schreibtisch türmen sich dringende und wichtige Aufgaben, die gestern hätten fertig sein sollen. Früher oder später werden Sie sich ohnehin damit auseinander setzen müssen, also beißen Sie in den sauren Apfel, wenn es um Aufgaben geht, an denen Sie gar keine Freude haben.

- ▶ dringend und wichtig,
- ▶ dringend,
- ▶ wichtig (Kategorie A),
- ▶ wichtig (Kategorie B),
- ▶ wichtig (Kategorie C).

Selbst um die am wenigsten wichtigen Aufgaben werden Sie sich kümmern, wenn die Zeit dafür gekommen ist, denn sonst werden sie dringend und rutschen an die Spitze der Liste – falls Sie sie nicht vorher erledigt haben. (Okay, die Wahrscheinlichkeit, dass das geschieht, ist nicht sehr hoch, aber Wunder geschehen ja immer wieder.)

Ihr Entschluss, dieses Buch zu lesen, ist vermutlich entstanden, weil sich auf Ihrem Schreibtisch die Arbeit türmt, Sie den Überhang loswerden und mit leerem Schreibtisch einen Neuanfang machen wollen. Es schien Ihnen zu versprechen, all die unzähligen kleinen und großen Aufgaben innerhalb einer Stunde loswerden zu können, wenn Sie nur wüssten, wie.

Das käme jedoch einem kleinen Wunder gleich, und Wunder kann auch dieses Buch nicht leisten – so gerne wir Ihnen auf diese Art und Weise auch aus Ihrer prekären Situation helfen würden. Trotzdem gibt es durchaus Hilfe, denn ein großer Teil der Schwierigkeiten ergibt sich meist aus einer zu Unrecht reduzierten Betrachtungsweise des Problems. Stellen Sie sich geistig gewissermaßen auf einen Schemel und verschaffen Sier sich erst einmal einen raschen Überblick. Das ist sehr wichtig, um spä-

**Seien Sie schonungslos objektiv bei der Beurteilung von Dringlichkeit und Wichtigkeit**

## Auf den Punkt

Warum verwenden Sie nicht Akten in drei verschiedenen Farben für Ihre Arbeit? Jede Farbe steht für einen bestimmten Grad der Wichtigkeit. So werden Sie ständig daran erinnert, wo Ihre Prioritäten liegen. Außerdem sparen Sie eine Menge Zeit, wenn Sie Ihre Arbeit nach Dringlichkeit aufteilen. (Es funktioniert auch, wenn sich die Arbeit nicht türmt, probieren Sie es einmal aus!)

ter weiter zu kommen. Sie sehen, Sie können sich aus dieser Situation auch ohne den Beistand übernatürlicher Kräfte befreien – sozusagen ganz aus eigenem Antrieb.
Jetzt zeigt sich jedoch, dass Sie gar nicht alles sofort erledigen müssen. Wichtig ist vielmehr, einiges davon jetzt in Angriff zu nehmen und den Rest entweder zu delegieren oder aufzuschieben. Die wahre Prüfung besteht darin, festzulegen, welche Aufgaben unverzüglich angegangen werden müssen und wie sich der Rest innerhalb eines realistischen Zeitrahmens bewältigen lässt. Das klingt doch gar nicht so schlecht, oder?

## Für das nächste Mal

Um zu vermeiden, noch einmal in Arbeit zu ersticken, sollten Sie sich angewöhnen, anfallenden Aufgaben unverzüglich eine Priorität zuzuweisen. Wann immer ein neues Projekt auftaucht oder Sie einen neuen Ordner anlegen, weisen Sie ihm je nach Wichtigkeit die Kategorie A, B oder C zu.

Jede Woche – am besten am Montagmorgen – sollten Sie alle aktuellen Ordner für die kommende Woche kategorisieren. So werden Sie daran erinnert, welche Aufgaben für Sie am wichtigsten sind und worauf Sie sich konzentrieren sollten: Diese Woche liegt Ihr Schwerpunkt vielleicht auf der bevorstehenden Präsentation. Ein weiterer Pluspunkt dieser Methode besteht darin, dass sie alle Aufgaben auffängt, die nicht von hoher Wichtigkeit sind, aber dringend werden. Für diese dringenden, aber nicht wichtigen Aufgaben sollten Sie nicht mehr Zeit vorsehen als unbedingt nötig. Halten Sie sich nicht lange mit ihnen auf, sondern räumen Sie sie schnellstmöglich aus dem Weg, um Platz zu machen für das Wichtige.

**Lassen Sie sich überraschen: Manches muss gar nicht sofort erledigt werden**

# Welche Möglich-keiten haben Sie?

Jetzt wissen Sie, in welcher Reihenfolge Sie Ihre Kategorien abarbeiten müssen, und können nun auch endlich damit beginnen. Na ja, fast jedenfalls. Zuerst müssen Sie noch die Aufgaben in jeder Gruppe durchgehen und sie nach vier Kriterien einteilen. Warum das nötig ist? Sie müssen die Arbeiten finden, die Sie unbedingt sofort zu erledigen haben; für alle anderen muss eine Alternative gefunden werden. Jetzt beginnen Sie damit, Ihren Berg an Arbeit auf eine machbare Größe zurechtzustutzen. Egal, wie wenig Zeit Sie zur Verfügung haben – diese Zeit ist gut investiert, und wird Ihnen helfen anschließend viel Zeit zu sparen.

Es gibt nur vier Möglichkeiten, was Sie mit einer Aufgabe machen können:

▶ wegwerfen,
▶ delegieren,
▶ aufschieben,
▶ erledigen.

## Die richtige Alternative wählen

Während Sie Ihre Stapel durchgehen, können Sie alles einer der vier Kategorien zuordnen. Das Delegieren und Aufschieben werden wir weiter hinten in diesem Kapitel ausführlicher behandeln. Im folgenden Kapitel schauen wir uns an, wie Sie die Arbeiten erledigen, die Sie nicht anderweitig loswerden können. Zunächst erfahren Sie aber erst einmal, was Sie wissen müssen, um eine Aufgabe einer Gruppe zuzuordnen.

## Wegwerfen

Einen Durchgang, bei dem Sie aussortiert haben, gab es ja bereits, aber nun heißt es, radikal zu sein. Sie haben einen gewaltigen Stapel an Arbeit vor sich liegen und können es sich einfach nicht erlauben, sich um alles zu kümmern. Eigentlich können Sie es sich nicht einmal leisten, für diese Dinge Platz auf Ihrem Schreibtisch zu schaffen. Also, wenn Sie zweifeln, einfach weg damit. Angenommen, Sie werfen fünfzig Dinge weg und in zehn Fällen sind Sie sich nicht sicher: Wie hoch ist die Wahrscheinlichkeit, dass Sie es bedauern werden? Vielleicht landet einer der zehn Fälle später wieder auf Ihrem Schreibtisch – na und? Die Kopie einer Rechnung ist schnell angefordert und eine Telefonnummer, die Sie wider Erwarten doch brauchen, lässt sich auch herausfinden. Werfen Sie den Stapel lieber weg. Um eventuelle Folgen (die nicht schlimm sein werden) können Sie sich kümmern, wenn es so weit kommen sollte.

## Delegieren

Richtig delegieren will gelernt sein, aber keine Sorge: Sie werden es lernen. Im Augenblick müssen Sie erst einmal nur wissen, welche Aufgaben delegiert werden sollen. Die Frage,

**Trauen Sie sich, Unterlagen wegzuwerfen. Wirklich Wichtiges kommt von alleine wieder auf den Tisch**

die Sie sich stellen müssen, ist ganz einfach: Bin wirklich ich dafür zuständig? Wenn nicht, soll es jemand anderes machen, unabhängig davon, ob es sich um etwas Eiliges handelt oder nicht. Eines sollten Sie dabei aber bedenken: Manchmal geht es schneller, etwas selbst zu erledigen, anstatt es lang und breit erklären zu müssen. Wenn Sie richtig delegieren (dazu kommen wir später), ist das eigentlich kein Thema, aber wenn es darum geht, Ihren Schreibtisch so schnell wie möglich freizuräumen, fahren Sie womöglich besser, wenn Sie bestimmte Dinge schnell selbst erledigen, anstatt sie zu delegieren.

## Aufschieben

Auch hier werden wir später im Detail erklären, was Sie tun sollten. Es gilt der Grundsatz: Wenn Sie sich persönlich darum kümmern müssen, die Sache aber nicht dringend ist, kann sie auf später verlegt werden. Ganz einfach, oder? Sie müssen nur darauf achten, die Arbeit von zehn Tagen nicht so zu verschieben, dass sie – zusätzlich zur normalen Routine der Woche – ebenfalls schon Ende nächster Woche

## Auf den Punkt

Erliegen Sie nicht der Versuchung, jetzt die wichtigsten Arbeiten anzugehen, nur weil sie wichtig sind. Sind sie nicht dringend, können sie auf später verschoben werden. Das gibt Ihnen die Gelegenheit, sich diesen Dingen mit der gebotenen Sorgfalt zu widmen.

fertig sein soll. Dann würden Sie an dem Freitag exakt dasselbe wieder machen.

## Erledigen

Alles, was nicht weggeworfen, delegiert oder verschoben werden kann, muss erledigt werden. Wenn Sie am Ende des Sortierprozesses angelangt sind, sollte der »Zu-erledigen«-Stapel jedoch erfreulich klein aussehen im Vergleich zu dem Berg, mit dem Sie vorhin angefangen haben.

## Teilen Sie Ihre Zeit ein

Bevor Sie weitermachen, sollten Sie all Ihre Gruppen oder wenigstens alle, die keine geringe Priorität haben, einmal schnell durchgegangen sein. Sie mögen vielleicht glauben, dass Sie jede Gruppe der Reihe nach abarbeiten können, aber auf diese Art und Weise lässt sich Ihre Zeit nur sehr schwer einteilen. Angenommen, Sie haben nur noch vier Stunden, um diesen Überhang aus der Welt zu schaffen. Wie viel Zeit haben Sie dann für die erste Gruppe? Das hängt natürlich davon ab, welche Menge Sie insgesamt bewältigen müssen, nicht? Und dafür wiederum müssen Sie wissen, wie viele Aufgaben aus den anderen Gruppen Sie heute angehen müssen. Sie sollten Ihre wichtigsten Gruppen deshalb schnell einmal durchsehen, damit Sie Ihre Zeit entsprechend einteilen können.

Wenn Sie das getan haben und Ihnen nun klar ist, welche Gruppen die zeitaufwändigsten Aufgaben enthalten, die Sie jetzt erledigen müssen, sollten Sie Ihre Zeit einteilen. Berücksich-

**Prüfen Sie die Ablage der höchsten Priorität, um die Zeit richtig einzuteilen**

## Auf den Punkt

Je früher Sie dringende Aufgaben erkennen, die sich delegieren lassen, desto eher können Sie anfangen zu handeln. Jemandem um halb fünf einen Stapel Aufträge in die Hand zu drücken und zu erwarten, dass alles bis um halb sechs erledigt ist, wäre ziemlich unrealistisch. Besser ist es, wenn Sie die Aufgabe gleich nach der Mittagspause delegieren könnten. Stoßen Sie erst abends um halb neun darauf, wird es im Normalfall so gut wie unmöglich sein, den Auftrag weiterzureichen und zu erwarten, dass er morgen früh fertig sein wird. Sie werden die Arbeit also selber erledigen müssen. Versuchen Sie, Wichtiges, das Sie delegieren können, so früh wie möglich zu erkennen und weiterzureichen, denn dies erhöht die Chance einer zügigen Bearbeitung deutlich.

tigen Sie dabei sowohl die geschätzte Menge an Arbeit in der Gruppe als auch ihre Wichtigkeit. Gehen Sie die Gruppen in der Reihenfolge der Prioritäten durch, die Sie vorher festgelegt hatten. Falls etwas furchtbar schief geht und Ihnen weniger Zeit als gedacht bleibt, haben Sie so zumindest die wichtigsten Aufgaben erledigt.

Hier sind einige Richtlinien, die Ihnen helfen, einen Zeitplan zu erarbeiten, nachdem Sie alles den vier Kategorien zugewiesen haben.

▶ Kümmern Sie sich zunächst um alle dringenden Aufgaben, die delegiert werden können. (Befolgen Sie dabei die Prinzipien des Delegierens, die wir uns gleich ansehen wollen.)

▶ Legen Sie die Aufgaben beiseite, die Sie später delegieren können, wenn Ihre armen Kollegen oder Mitarbeiter den Schock verdaut haben, den der erste Stapel Arbeit bei ihnen ausgelöst hat.

▶ Als Nächstes sollten Sie Ihre dringlichsten Aufgaben planen. Sofern sie nicht auch noch wichtig sind, sollten Sie nicht zu viel Zeit darauf verwenden.

▶ Sie werden vielleicht feststellen, dass erst ein oder zwei Dinge aus einer Gruppe erledigt werden müssen, bevor Sie zu den restlichen Punkten kommen. Das ist nicht schlimm – normalerweise sollten Sie Gruppen komplett abarbeiten, aber natürlich haben dringende Dinge Vorrang. Der Stapel für die Präsentation am Freitag kann warten, aber Sie müssen Ihren Lieferanten anrufen, um über Preise zu sprechen, sodass er die Kosten errechnen und sich später bei Ihnen melden kann.

▶ Schauen Sie, wie viele Gruppen Sie abarbeiten müssen und welcher zeitliche Rahmen Ihnen dafür bleibt. Planen Sie anhand der durchschnittlichen Zeit pro Gruppe. Haben Sie vier Stunden Zeit und acht Gruppen, planen Sie für jede Gruppe etwa eine halbe Stunde ein.

▶ Jetzt können Sie ein wenig hin- und herschieben. Sie wollen sich mehr Zeit für die Messe nächste Woche zugestehen? Planen

**Reichen Sie Wichtiges, das delegiert werden kann, so schnell wie möglich weiter**

Sie eine Stunde dafür ein und ziehen dafür zwei nicht ganz so wichtigen Gruppen je 15 Minuten ab. Tauschen Sie so lange hin und her, bis Sie mit dem Ergebnis zufrieden sind. Dieser Vorgang sollte schnell gehen – wir wollen ja nicht den ganzen Tag damit verbringen, Rechenspiele auf dem Papier zu veranstalten, oder?

▶ Egal, was für einen Zeitplan Sie ausarbeiten – halten Sie sich unter allen Umständen daran! Sind Sie schneller als geplant, umso besser. Aber versuchen Sie, auf keinen Fall in Verzug zu geraten. Schauen Sie zwischendurch immer wieder einmal auf die Uhr, um zu überprüfen, dass Sie wirklich noch im Plan liegen.

## Auf den Punkt

Das Erstellen von Zeitplänen mag auf den ersten Blick nicht als besonders gute Verwendung der ohnehin nur knappen Zeit erscheinen. Zweifelsohne brennt es Ihnen unter den Fingernägeln, endlich mit all den Aufgaben loszulegen. Aber nur so können Sie sichergehen, dass Sie, wenn Sie keine Zeit mehr haben, nicht noch mitten in der Arbeit stecken. Wir neigen dazu, nicht mehr allzu genau nachzudenken, wenn wir es eilig haben. Indem wir jedoch clever denken, uns ein Ziel setzen, einen Plan machen und so weiter, investieren wir jetzt ein paar Minuten mehr, die uns später eine Menge Zeit sparen. Glauben Sie mir, es wird sich in jedem Fall lohnen!

Das Einteilen der Zeit mag aufwändig erscheinen, ist es aber nicht. Es sollte insgesamt nicht länger als fünf Minuten dauern, dann haben Sie einen Plan für den Rest des Tages oder Abends.

Und selbst wenn die Planung – besonders am Anfang – länger dauern sollte, müssen Sie das eben in Kauf nehmen und üben. Denn Planung ist nicht weniger wichtig als jede andere Aufgabe auch. Und Sie werden sehen, je öfter Sie dies üben und trainieren, desto schneller und problemloser wird es Ihnen von der Hand gehen. Mit der Zeit wird es Ihnen nicht mehr schwer fallen und es wird Ihnen kaum noch Mühe machen. Aber bis dahin ist es noch ein Stückchen, denn so weit sind wir im Moment noch nicht! Also an die Arbeit, der Termin drängt und die Zeit läuft gnadenlos weiter.

**Nehmen Sie sich Zeit für einen realistischen Zeitplan, und halten Sie ihn ein**

## Für das nächste Mal

Lernen Sie, welche Aufgaben, E-Mails und Notizzettel letztendlich weggeworfen werden und bewahren Sie sie gar nicht erst auf. Wann immer Sie können, sollten Sie E-Mails, nachdem Sie sie gelesen haben, löschen, ohne sie auszudrucken. Solange Sie den Papierkorb Ihres Mailprogramms nicht leeren, können Sie sie jederzeit wieder aufrufen, fall Sie die Mail doch noch einmal benötigen. Haben Sie einen Notizzettel mit einer Telefonnummer, werfen Sie ihn entweder weg oder tragen Sie die Nummer in Ihr Telefonbuch ein, aber lassen Sie den Zettel nicht herumliegen.

Dasselbe gilt beim Delegieren: Delegieren Sie, so viel Sie können, selbst wenn Sie noch nicht überarbeitet sind. Es gibt immer wichtigere Dinge, auf die man seine Zeit verwenden kann – Planungen oder die Entwicklung neuer Ideen zum Beispiel. Je früher Sie eine Aufgabe delegieren, desto gerechter ist es für die Person, die sich darum kümmern muss, und desto höher ist die Wahrscheinlichkeit, dass die Person die Aufgabe auch gut erledigen kann.

# Wie delegieren Sie richtig?

Sind Sie trotz Personal, an das Sie delegieren dürfen, mit Ihrer Arbeit gewaltig in Verzug, verteilen Sie die anfallenden Aufgaben vermutlich nicht so effektiv, wie Sie könnten. Das Delegieren ist eine der wichtigsten Managementfähigkeiten und zeichnet einen guten Teamleiter aus. Sobald Sie gelernt haben, gut zu delegieren, sinkt auch die Wahrscheinlichkeit, dass Sie erneut in Ihrer Arbeit ersticken (oder zumindest wird es in Zukunft seltener der Fall sein). Angesichts des hohen Tempos in der modernen Geschäftswelt ist es nur logisch, dass Sie von Arbeit überhäuft werden, wenn Sie nicht so viel wie möglich an Ihre Mitarbeiter weitergeben.

## Was bedeutet Delegieren?

Delegieren wird häufig missverstanden. Es geht nicht nur darum, einfache Aufgaben, für die man selber keine Zeit (oder keine Lust) hat, auf dem Schreibtisch eines anderen abzuladen. Hierbei handelt es sich einfach um Arbeitszuweisung, und die ist ohne langfristigen Wert. Delegieren dagegen bringt Ihnen nicht nur mehr Zeit ein, die Sie auf die wichtigen Aspekte Ihres Jobs (zum Beispiel auf die Leitung Ihres Teams) verwenden können. Sie entwickeln außerdem die Fähigkeiten Ihrer Te-

**Richtiges Delegieren schafft endlich Zeit für die wichtigen Aspekte des Jobs**

ammitglieder weiter und steigern so die Effektivität des Teams als Ganzes. Das ist gut für Sie und für Ihre Leute.

Delegieren bedeutet also, die Verantwortlichkeit für Aufgaben zu übertragen. Setzen Sie Ihrem Teammitglied ein Ziel, ein Zeitlimit und Auflagen, was Kosten und Qualität angeht, und lassen Sie ihn oder sie entscheiden, wie dieses Ziel am besten zu erreichen ist. Auf diese Art und Weise lernen Ihre Mitarbeiter mehr, und es gibt ihnen einen positiven Schub, wenn sie Resultate vorweisen können. Außerdem nehmen sie Ihnen natürlich auch einen Teil Ihrer Arbeitslast ab. Die Gesamtverantwortung liegt selbstverständlich weiter bei Ihnen, das heißt, wenn etwas schief geht, müssen Sie den Kopf dafür hinhalten. Aber wie wir sehen werden, besteht die Kunst des Delegierens zur Hälfte bereits darin, die Aufgaben so gut zu übertragen, dass nichts schief geht.

Viele Menschen befürchten, die Kontrolle zu verlieren, wenn sie anderen Teile ihrer Arbeit übertragen. Aber worüber verlieren sie letzt-

## Auf den Punkt

Nur weil Ihnen Ihr Chef eine Aufgabe übertragen hat, heißt das nicht, dass Sie sie nicht delegieren können, schließlich übernehmen Sie weiterhin Rechenschaft für die Aufgabe und tragen die Gesamtverantwortung. Solange für Ihren Chef die Resultate dieselben sind, ist es da nicht egal, wer die Aufgabe ausführt? Hauptsache, es wird gut gemacht.

## Auf den Punkt

Stellen Sie sich einmal die folgende Frage: »Wenn ich krank wäre oder einen Monat lang geschäftlich unterwegs, welche Arbeiten müssten unerledigt liegen bleiben?« Die Zahl der Aufgaben sollte relativ gering sein. Steht etwas nicht auf dieser Liste, kann es delegiert werden.

endlich die Kontrolle? Über all die Einzelheiten und Kleinigkeiten, die ohnehin viel zu viel Ihrer Zeit in Beschlag nehmen; all die Anrufe und Nachforschungen, die E-Mails und der ganze Papierkram. Die Leitung der Aufgaben, die Sie delegieren, liegt auch weiterhin bei Ihnen. Sie haben sich nun jedoch den Freiraum geschaffen, um einen Schritt zurückzutreten und das Gesamtbild zu betrachten. So können Sie Möglichkeiten erkennen und rechtzeitig Gefahren ausmachen; Sie können Ideen ausarbeiten, um die Errungenschaften Ihres Teams weiter voranzutreiben und damit Ihren Chef gewaltig zu beeindrucken.

**Delegieren ist nicht die Abgabe lästiger Aufgaben, sondern die Übertragung von Verantwortung**

## Erfolgreiches Delegieren

Wenn Sie dabei sind, Ihren Überhang abzuarbeiten, und die Zeit drängt, läuft es vielleicht darauf hinaus, dass Sie die eine oder andere langweilige Aufgabe nur deshalb delegieren, damit Sie schnell erledigt wird. Aber nicht alles auf Ihrem Schreibtisch ist dringend und auf die meisten Aufgaben sollten Sie die Prinzipien des Delegierens richtig anwenden können. Hier sind die wichtigsten Schritte, damit man erfolgreich delegiert:

## Legen Sie das Ziel fest

Jetzt geht das wieder los – schon wieder Ziele festlegen?! Ist Ihnen aufgefallen, dass die Zielsetzung der erste Schritt bei fast allen Managementfähigkeiten ist? Dahinter steckt ein ganz einfacher Grund: Wenn man nicht weiß, wo man hingeht, sind die Chancen nur gering, ohne Probleme dort anzukommen. Diese Zielsetzung ist wie ein Reiseziel. Sobald man es kennt, kann man abschätzen, wie viel Zeit man bis dahin benötigen wird, überlegen, ob es sinnvolle Alternativen oder Abkürzungen gibt, und man weiß, wann man das Ziel seiner Reise erreicht hat.

Beginnen Sie also, indem Sie für eine Aufgabe das Ziel festlegen. Bündeln Sie alle Aufgabengruppen mit identischem Ziel. Benötigen Sie für einen Vorschlag Informationen, ist es am besten, wenn eine einzige Person alle Informationen sucht – Kosten, Leistungsdaten, Verpackungsmöglichkeiten, Preisvergleiche mit der Konkurrenz und alles andere, was Sie brauchen. Das Ziel besteht darin, Informationen zu finden, die Ihren Vorschlag unterstützen und ihn überzeugender machen.

## Übertragen Sie die Aufgabe

Nicht jeder kann jede Aufgabe erfüllen. Ist Zeit kein Thema, sollten Sie versuchen, Ihre Mitarbeiter mit der übertragenen Aufgabe zu fordern und so den Anreiz zu erhöhen. Selbst wichtige Aufgaben können von jemandem bearbeitet werden, der talentiert und fähig ist, aber in diesem Bereich keine Erfahrung hat. So bauen Sie die Erfahrungen und Fähigkeiten Ihres Teams ständig weiter aus, und fördern die Einsatzbereitschaft.

Es ist sinnlos, jemand mit etwas zu beauftragen, das einfach nicht zu ihm passt und seine Talente nicht nutzt. Soll jemand für Sie Nachforschungen betreiben, suchen Sie sich ein Teammitglied, das methodisch arbeitet und gut darin ist, den Lieferanten Informationen über Wettbewerber zu entlocken, oder das andere, viel beschäftigte Menschen dazu bringen kann, auch für Ihr Team zu recherchieren. Übertragen Sie diese Angelegenheit nicht einem Kreativkopf, der gut darin ist, Dinge ins Laufen zu bringen, dann aber gleich zur nächsten Aufgabe übergehen will, ohne die Sache ordentlich zu Ende zu bringen.

**Erkennen und nutzen Sie die individuellen Fähigkeiten und Talente in Ihrem Team**

## Auf den Punkt

Haben Sie es eilig, ist es am besten, die Arbeit an jemanden zu delegieren, der sie auch ohne große Hilfe von Ihnen erledigen kann. Wenn Sie jedoch Zeit haben, sollten Sie versuchen, einen Mitarbeiter zu finden, für den diese Aufgabe eine etwas größere Herausforderung ist und der dabei etwas lernen kann. Durch das Anlernen bauen Sie die Selbstsicherheit dieser Person auf und beim nächsten Mal haben Sie einen Mitarbeiter mehr, an den Sie delegieren können.

## Stecken Sie Ziele

Der Person, der Sie einen Auftrag übertragen, sollten Sie Ziele vorgeben. Der Mitarbeiter muss wissen, was er erreichen soll und warum. Aber damit ist es noch nicht getan. Er wird wissen wollen, wie viel Zeit ihm zur Verfügung steht, welche Befugnisse er hat (darf er beispielsweise andere Leute um Hilfe bitten) und so weiter. Sie müssen ihm deshalb die folgenden Eckdaten geben:

▶ Ziel,
▶ Termin,
▶ Qualitätsstandards,
▶ Budget,
▶ Befugnisse,
▶ zur Verfügung stehende Mittel.

Sie sagen ihm jedoch nicht, wie er seine Arbeit zu erledigen hat. Er erfährt von Ihnen alles, was er braucht, um die von Ihnen gewünschten Ergebnisse zu liefern. Dazu gehört auch, bis wann die Arbeit erledigt sein muss, was es kosten darf und so weiter. Wie er dieses Ziel erreicht, liegt jedoch in seiner Hand. Weiter oben hatten wir das gesteckte Ziel mit einem Reiseziel verglichen. Das gilt auch hier: Ihr Mitarbeiter kann seinen Weg selber planen, solange er nur pünktlich am Ziel ankommt, dabei nicht zu viel Benzin verbraucht und den Wagen nicht gegen einen Baum setzt. Er soll Ihnen auf alle Fälle erklären, welchen Weg er zu nehmen gedenkt, aber Sie sollten den Weg nicht so anpassen, wie es Ihnen am besten gefällt. Entdecken Sie ein Problem, dass Ihr Teammitglied übersehen hat, weisen Sie ihn darauf hin und lassen Sie ihn eine Lösung finden.

## Wurde alles verstanden?

Lassen Sie sich noch einmal den Auftrag erklären, damit Sie sicher sein können, dass genau verstanden wurde, worum es geht. Sie können gern Vorschläge machen, sollten aber keinesfalls versuchen, der Person Ihren Ansatz aufzuzwingen.

## Bieten Sie Unterstützung

Helfen Sie, so gut Sie können. Fragen Sie bei einem anderen Abteilungs- oder Teamleiter an, ob er und seine Mitarbeiter Ihr Team unterstützen können; sagen Sie Ihren Leuten, wo Sie Informationen finden können; stellen Sie ihnen hilfreiche Unterlagen zur Verfügung; geben Sie ihnen den Entwurf des Vorschlags, für den die Informationen gedacht sind (ich gehe davon aus, dass Sie Entwürfe im Allgemeinen schon weit im Voraus machen).

## Auf den Punkt

Wenn es sich bei der Aufgabe um ein Großprojekt handelt oder wenn es um eine kleine, aber eilige Angelegenheit geht, können Sie die Arbeit an mehr als eine Person delegieren. Am besten funktioniert es, wenn Sie einem Teammitglied die Leitung übertragen und gleichzeitig alle anderen informieren, damit jeder weiß, worauf es ankommt.

**Sie stecken das Ziel, und Ihr Mitarbeiter plant den Weg dorthin**

## Kontrollieren Sie die Fortschritte

Bei einem großen, langfristigen Projekt sollten Sie Termine vereinbaren, an denen über eventuelle Probleme gesprochen wird. Selbst bei einer kleinen Aufgabe kann es nicht schaden zu überprüfen, wie es vorangeht. Kurze, informelle Rückfragen funktionieren oft besser als eine förmliche Sitzung. So haben Ihre Mitarbeiter Gelegenheit zu kontrollieren, ob sie noch auf dem richtigen Weg sind, sich nicht in Einzelheiten verstrickt oder etwas Wichtiges übersehen haben. Auf diesem Weg erhält das Vertrauen Ihrer Teammitglieder einen Schub und Sie wissen, dass alles seinen Weg geht.

Vorsicht jedoch: Überwachen heißt nicht, dass man sich einmischt. Bemerken Sie einen Irrtum, der bislang nicht aufgefallen ist, sagen Sie es, aber hängen Sie sich nicht an kleinen Allerweltsfehlern auf. Solche Fehler sind nahezu unvermeidbar, und vermutlich wäre Ihnen Ähnliches passiert, hätten Sie die Arbeit selber erledigt. Nur wenn schwere Fehler drohen, sollten Sie eingreifen und dann auch nur so lange, bis der richtige Weg wieder eingeschlagen ist. Jemandem einen Auftrag wegzunehmen, ist für diese Person sehr demoralisierend. Derart radikale Mittel sollten nur im äußersten Notfall eingesetzt werden, und wenn Sie von Anfang an richtig delegieren, sollte so etwas eigentlich nicht passieren.

## Bewerten Sie die Leistung

Nachdem der Auftrag erledigt wurde, setzen Sie sich mit den beteiligten Teammitgliedern

## Auf den Punkt

Nur weil Sie einen Wettlauf gegen die Uhr absolvieren, heißt das nicht, dass Sie nicht überwachen können, welche Fortschritte die anderen machen. Schließlich müssen Sie ja sichergehen, dass die Arbeit anständig erledigt wird. Haben Sie eine dringende Aufgabe delegiert, die zum Abend fertig sein soll, spricht nichts dagegen, am Nachmittag kurz nachzufragen, ob es Probleme gibt.

zusammen und bewerten das Erreichte. Verteilen Sie Lob und Anerkennung, sofern es angebracht ist. Selbst wenn die Ergebnisse enttäuschend sind, suchen Sie nach lobenswerten Aspekten. Stellen Sie sicher, dass Ihre Mitarbeiter und Sie alle Lektionen gelernt haben, und vergessen Sie nicht, dass die Verantwortung für einen Fehlschlag genauso wie für einen Erfolg letztendlich ausschließlich bei Ihnen liegt.

**Halten Sie sich über die Fortschritte des Teams auf dem Laufenden, aber mischen Sie sich nicht ein**

## Alles klar?

Das sind die Grundprinzipien des Delegierens. Sie können jetzt also loslegen, zumindest soweit es Ihr knapp gesteckter Zeitrahmen zulässt. Bevor Sie sich um den Rest der zu erledigenden Dinge kümmern, delegieren Sie alles, was wirklich dringend und innerhalb der nächsten 24 Stunden zu erledigen ist.

Jetzt legen Sie den Rest der Aufgaben – die immer noch nach Priorität gruppiert sind – an die Seite, um sie später zu verteilen. Dabei soll-

## Auf den Punkt

Wenn Sie Arbeit schon lange vor dem Zeitpunkt delegieren, an dem Sie sie benötigen, können Sie einen Termin setzen, der Ihnen ausreichend Luft lässt, die Ergebnisse in eines Ihrer eigenen späteren Projekte einzubauen. So können Sie sich beispielsweise die Rechercheergebnisse für Ihren Vorschlag zehn Tage vor dem Abgabetermin liefern lassen. Damit haben Sie genug Zeit, die Resultate in Ihre eigene Arbeit zu integrieren.

ten die Prinzipien, die wir eben erörtert haben, zum Einsatz kommen. So, das war's. Damit dürften wir uns um einen Großteil der Arbeit gekümmert haben, die sich auf Ihrem Schreibtisch getürmt hatte.
Betrachten Sie das Delegieren nicht als Möglichkeit, die Arbeiten, für die Sie keine Zeit oder zu denen Sie keine Lust haben, auf dem Schreibtisch anderer abzuladen. Es ist vielmehr eine wichtige Gelegenheit für Sie, Ihre Fähigkeiten als Manager zur Weiterentwicklung Ihres Teams zu nutzen.

## Für das nächste Mal

Arbeit, die auf Ihrem Schreibtisch landet, sollte von Ihnen unverzüglich dahin gehend überprüft werden, ob sie sich delegieren lässt. So schaffen Sie den größtmöglichen Freiraum für sich selber und für die Person, die den Auftrag erledigen soll.

Das Ziel muss darin bestehen, die Fähigkeiten Ihres Teams kontinuierlich weiterzuentwickeln. Überlegen Sie sich also immer genau, wer für welche Arbeit besonders geeignet ist. Wenn die Zeit knapp ist, delegieren Sie die Aufgaben am besten an jemanden, der sie unbeaufsichtigt erledigen kann. Langfristig gesehen ist das jedoch keine Herausforderung und bringt die Person auch nicht voran. Je besser Sie delegieren können, desto besser wird Ihr Team delegierte Arbeit erledigen und desto besser werden Sie in Zukunft Aufträge weiterreichen können. Ihr Team wird motiviert sein, zuversichtlich und in seiner Arbeit gewürdigt – alles Faktoren, die sich positiv auf die Teamleistung niederschlagen sollten.

**Delegieren heißt, die Kompetenz seines Teams kontinuierlich weiterzuentwickeln**

# Wie schieben Sie Aufgaben auf?

Auf den ersten Blick scheint es keine gute Idee zu sein, Aufgaben auf einen späteren Zeitpunkt zu verschieben. Es bedeutet doch eigentlich nichts anderes, als etwas liegen zu lassen, oder? War das nicht genau der Grund, weshalb Sie jetzt in diesem Schlamassel stecken? Zu viel Arbeit und zu wenig Zeit – also haben Sie Dinge beiseite geschoben, bis sich schließlich so viel angesammelt hat, dass Sie vor lauter Unterlagen und Notizen Ihren Schreibtisch nicht mehr finden können. Und nun baden Sie ja bekanntlich die Konsequenzen aus dieser Taktik aus!

Die Antwort ist ein eindeutiges Jein. Aufschieben ist eine Art geplantes, organisiertes Liegenlassen, und genau darin besteht der große Unterschied. Anstatt Dinge einfach liegen zu lassen und sie nicht zu erledigen, schieben Sie sie auf, bis Sie sich darum kümmern können – wenn nötig, indem Sie sich den erforderlichen Freiraum schaffen.

Wir wollen noch einmal rekapitulieren, wie weit wir sind, damit Sie sehen, was Sie schon alles geschafft haben:

▶ Sie haben die Zeit gefunden, dieses Buch zu lesen, und es bleiben Ihnen mindestens noch einige Stunden, die Aufgaben tatsächlich zu erledigen und Ihren Schreibtisch wieder leer zu bekommen.

- ▶ Sie haben Ihr Hauptziel festgelegt.
- ▶ Alle Aufgaben sind aufgeschrieben und nach Gruppen geordnet.
- ▶ In Übereinstimmung mit Ihrem Hauptziel haben Sie den Gruppen anhand der Faktoren Dringlichkeit und Wichtigkeit Prioritäten zugewiesen.
- ▶ Die Inhalte jeder Gruppe haben Sie nach vier Gesichtspunkten kategorisiert: wegwerfen, delegieren, aufschieben, selber erledigen.
- ▶ Sie haben Ihre verbleibende Zeit eingeteilt (überprüfen Sie jetzt, ob Sie im Soll sind).
- ▶ Während Sie die Gruppen durchgehen, werfen Sie so viel wie möglich weg.
- ▶ Alles, was Sie nicht persönlich erledigen müssen, delegieren Sie oder legen es, wenn es nicht dringend ist, beiseite, um die Aufgabe später an andere zu übertragen.

**Aufgeschoben ist nicht aufgehoben, sondern geordnetes Liegenlassen**

Inzwischen sollte der verbliebene Stapel an Arbeit viel kleiner sein und statt nacktem Chaos ist alles schön geordnet. Ich hoffe, Sie fühlen sich langsam wieder wohl in Ihrer Haut. Alle Aufgaben, die jetzt noch erledigt werden müssen, werden Sie selber bearbeiten. Die Zeit des Wegwerfens oder Weiterreichens ist vorbei. Sie haben jedoch noch immer die Wahl, zwischen zwei Möglichkeiten zu entscheiden: Aufgaben auf später zu verschieben oder heute zu erledigen. Zunächst einmal möchte ich Ihnen erklären, wie Sie Arbeit effektiv aufschieben.

Im nächsten Kapitel wird es dann darum gehen, die verbleibenden Dinge anzugehen.

Beim Aufschieben geht es nicht darum, Dinge in die »Unerledigt«-Ablage zu verfrachten. Vielmehr geht es darum, einen bestimmten Zeitpunkt festzulegen, an dem Sie diese Aufgaben in Angriff nehmen. Müssen Sie in Lichtgeschwindigkeit arbeiten und handeln, wird so gut wie jede ungeplante Aufgabe Ihren Schreibtisch (oder Ihr Gehirn) verstopfen, bis eine drohende Frist Sie zwingt, in letzter Minute tätig zu werden. Die Lösung: Planen Sie alles! Ja, genau – alles.

Wenn Sie Ihre Arbeitsbelastung auf längere Sicht im Griff haben wollen, bedeutet das, alles in Ihren Terminkalender einzutragen. Mit diesem Punkt wollen wir uns gleich noch einmal befassen, aber im Augenblick dürfte Sie die lange Sicht herzlich wenig interessieren, denn Sie wollen und müssen erst einmal all die vorhandene Arbeit vom Tisch bekommen.

Also schauen Sie sich die Stapel an, die noch übrig sind. Nehmen Sie sich Ihren Terminkalender für die nächsten paar Wochen vor und legen Sie, nach Priorität geordnet, einen Zeitplan für die Aufgaben fest. Halten Sie dafür Zeit in Ihrem Terminkalender frei. Vielleicht müssen Sie einen halben Tag für den Entwurf Ihres Vorschlags einplanen und in der Woche darauf einen ganzen Tag, um ihn auszuformulieren. Eventuell brauchen Sie auch einige Stunden, um bisher unerwiderte wichtige Telefonate zu führen. Oder müssen Sie Zeit freihalten, um Ihr Budget zu planen oder Beurteilungen zu

## Auf den Punkt

Brennt Ihnen im Moment wirklich die Zeit auf den Nägeln, reservieren Sie einfach in den nächsten Tagen Zeit, in der Sie dann Ihren Terminkalender planen können. So können Sie nicht nur die Aufgaben selber verschieben, sondern auch deren Planung. Ich muss wohl nicht extra erwähnen, dass Sie im Handumdrehen wieder in der gleichen Situation wie jetzt sein werden, wenn Sie zur geplanten Zeit nicht die Einteilung vornehmen, oder?

schreiben? Natürlich benötigen Sie ebenfalls Zeit, um all die nicht dringenden Aufgaben, die delegiert werden können, auch tatsächlich weiterzureichen.

Vorhin hatte ich bereits angeregt, die letzte Stunde am Freitagnachmittag zu reservieren, um sich um verschiedene Aufgaben zu kümmern. Denken Sie also bitte daran, dass Sie sich für allgemeine Arbeiten wie Korrespondenz genauso Zeit freihalten können wie für große Projekte. Sie sollten dabei Ihr Hauptziel im Hinterkopf haben und jeder Gruppe so viel Zeit zugestehen, wie sie verdient. Planen Sie alles, selbst wenn es nur fünf Minuten dauert, ansonsten wird es nicht erledigt.

Zwei Dinge müssen Sie beachten, damit das Aufschieben auch tatsächlich funktioniert:

### Seien Sie realistisch

Es ist sinnlos, Zeit zu verplanen, die gar nicht zur Verfügung steht. Das demoralisiert nur, die

**Machen Sie sich einen verbindlichen Zeitplan, nach dem Sie Aufgeschobenes abarbeiten werden**

Arbeit wird nicht erledigt und anstatt überarbeitet zu sein, werden sie überarbeitet sein und sich schlecht fühlen. Gehen Sie also lieber davon aus, so schnell und so clever zu arbeiten, wie Sie können, aber erwarten Sie keine Wunder. Der Tag wird trotzdem keine 30 Stunden haben und es wird auch keine Fee auftauchen, die mit einem Wink ihres Zauberstabs dafür sorgt, dass die endlosen Montagmorgen-Konferenzen Ihres Chefs plötzlich nur noch zehn Minuten dauern. Wenn Sie wissen, dass diese Konferenzen niemals vor elf Uhr vorbei sind, setzen Sie für die Zeit davor auch nichts an (außer Sie können es während der Konferenz erledigen).

## Bleiben Sie hart

Wenn Sie sich nicht an den Plan halten, den Sie sich selbst gesetzt haben, ist das Ganze reine Zeitverschwendung. Sobald Sie in Verzug geraten, wird es Sie demotivieren und Sie geraten

## Auf den Punkt

Machen Sie es sich zur Regel, nicht nach Hause zu gehen, bevor Sie nicht alle Aufgaben des Tages erledigt haben. So bezahlen Sie abends dafür, dass Sie sich tagsüber nicht an Ihre Vorgabe gehalten haben. Sie werden schnell lernen, realistisch zu planen und bis dahin werden die Aufgaben trotzdem erfüllt. Es geht nicht darum, Sie so lange wie möglich im Büro festzuhalten, sondern dafür zu sorgen, dass Sie niemals länger bleiben müssen.

## Auf den Punkt

Regelmäßige Konferenzen verschlingen viel Zeit und können einen Großteil der täglichen Arbeitszeit ausfüllen, sodass Sie niemals einen ganzen Tag zur Verfügung haben, ohne es Wochen im Voraus angekündigt zu haben. Überlegen Sie also, ob Sie nicht die Zahl der regelmäßigen Besprechungen verringern können:

▶ Reicht es nicht, statt wöchentlicher Konferenzen alle zwei Wochen oder monatlich eine abzuhalten?
▶ Würde eine Telefonkonferenz andere Besprechungen überflüssig machen und weniger Zeit in Anspruch nehmen?
▶ Müssen so viele Personen teilnehmen? (Durch weniger Teilnehmer verkürzt sich normalerweise auch die Konferenzdauer.)
▶ Können Sie sich bei regelmäßigen Konferenzen anderer Leute entschuldigen lassen?
▶ Können Konferenzen effizienter werden?

noch weiter in Verzug. Also seien Sie wirklich streng mit sich selber! Wenn Ihr Arbeitsalltag immer wieder von Notfällen unterbrochen wird, die Ihre Planung durcheinander werfen, berücksichtigen Sie dies und planen Extrazeit ein, in der Sie Versäumtes aufholen können.
Und woher wissen Sie so genau, was Sie zu tun haben? Der Großteil sollte bereits in Ihrem Terminkalender oder Timer stehen. Durch das genaue Planen der Termine wird eine Gedächtnisstütze, in der man gelegentlich nachschlägt,

**Prüfen Sie Häufigkeit und Länge Ihrer Konferenzen: Hier steckt ein großes Zeitpotenzial**

## Auf den Punkt

Es ist sinnvoll, sich zu Arbeitsbeginn eine halbe Stunde Zeit freizuhalten, um die Aufgaben des Tages zu planen und dringende Arbeiten schnell zu erledigen – ein paar Briefe unterschreiben, einen Anruf von gestern erwidern, überprüfen, wie ein Teammitglied mit der zugewiesenen Aufgabe vorankommt, dringende Korrespondenz beantworten und so weiter. Wenn Ihr Arbeitstag also um neun Uhr beginnt, sollten Sie vor halb zehn keine Termine vereinbaren. Diese Methode funktioniert morgens besser als abends, denn nur zu leicht wird die freigehaltene Zeit dann doch für die Aktivitäten des Nachmittags in Anspruch genommen, was eigentlich nicht sein sollte.

zu einem unverzichtbaren, interaktiven Helfer. Ihr Terminkalender sollte eines Ihrer wichtigsten Arbeitsmittel sein und Sie sollten regelmäßig darin Notizen machen. Wenn Sie nicht klein genug für einen Taschenkalender schreiben können, besorgen Sie sich einen großen, den Sie auf den Schreibtisch legen. Jedes Mal, wenn jemand zu Ihnen sagt: »Rufen Sie mich doch bitte nächsten Dienstag wieder an«, tragen Sie das so schnell wie möglich für nächsten Dienstag in Ihrem Terminkalender ein. Schreiben Sie es sich nicht auf einen Notizzettel, denn er könnte verloren gehen. Wenn Sie sie zur Hand haben, schreiben Sie gleich die Telefonnummer dazu, damit Sie nächste Woche nicht erst lange suchen müssen. Ihre Liste der zu erledigenden Dinge sollte sich also praktisch zur Hälfte von alleine schreiben, bevor Sie überhaupt damit beginnen.

Außerdem sollten Sie auch angekündigte Rückrufe, E-Mails oder Antworten in Ihrem Terminkalender eintragen. Ansonsten sind Sie schnell davon abhängig, dass die anderen daran denken, oder es kümmert sich niemand darum. Verspricht Ihnen jemand, sich Ende nächster Woche bei Ihnen zu melden, machen Sie einen Eintrag für Freitag: »Ist Rückruf von XY erfolgt?«

Sie können den Punkten auf Ihrer Liste der zu erledigenden Dinge Prioritäten zuweisen und mit den eiligsten Aufgaben beginnen. Falls dann etwas Unvorhergesehenes dazwischenkommt, brauchen Sie nur noch die weniger eiligen Punkte aufzuschieben. Und wenn Sie von gleicher Wichtigkeit sind, kümmern Sie sich zuerst um die in Hinblick auf Ihr Gesamtziel wichtigsten Dinge. Die Prioritäten können Sie setzen, wie es Ihnen beliebt. Hier sind einige Beispiele:

**Mit einem gewissenhaft geführten Terminkalender behalten Sie den Überblick über Ihre Zeitplanung**

▶ Die wichtigsten Dinge markieren Sie als A, die nächstwichtigen als B und die Aufgaben mit der niedrigsten Priorität als C (drei Kategorien sollten reichen).
▶ Farbcodes: Mit einem Marker kennzeichnen Sie die Dinge nach Wichtigkeit (auch hier sollten drei Farben ausreichend sein).
▶ Führen Sie die Aufgaben nach Priorität auf, sodass Sie einfach die Liste der Reihe nach abarbeiten können.

## Auf den Punkt

Warum planen Sie Ihren Tag nicht auf dem Weg zur Arbeit? Wenn Sie mit öffentlichen Verkehrsmitteln reisen oder gefahren werden, können Sie unterwegs eine Liste der zu erledigenden Dinge und der anfallenden Anrufe erstellen. Wenn Sie selber fahren, können Sie die Liste zumindest im Geist anfertigen oder auf ein Diktiergerät sprechen und niederschreiben, wenn Sie im Büro sind.

Wie Sie gesehen haben, ist das Aufschieben von Arbeit etwas anderes, als sie liegen zu lassen. So schaffen Sie sich Zeit, um all Ihre Aufgaben effektiv und zur rechten Zeit bewältigen zu können. Gelingt Ihnen das, werden Sie niemals wieder so in Verzug geraten wie jetzt.

## Für das nächste Mal

Eine ordentliche Planung des Terminkalenders ist entscheidend, um die Arbeit im Griff zu haben und – was genauso wichtig ist – um sicherzugehen, dass Sie den Großteil Ihrer Zeit auf die wirklich wichtigen Aufgaben verwenden, nämlich auf die Dinge, die Sie auf dem Weg zu Ihrem Hauptziel weiterbringen.
Sobald Sie die Gelegenheit dazu haben (den Termin dazu können Sie schon jetzt eintragen), sollten Sie sich die Zeit nehmen, Ihre Termine für den Rest des Jahres zu planen. Nein, das ist kein Druckfehler – für das ganze Jahr, das meine ich ernst. Einmal im Jahr sollten Sie

sich hinsetzen und die wichtigen Termine in Ihren Kalender eintragen. Natürlich lässt sich nicht alles so weit im Voraus festlegen, also werden Sie auch am Anfang jeden Monats eine Planung durchführen müssen. Dann gibt es noch die wöchentlichen Vorbereitungssitzungen und natürlich Ihre Tagesplanung. Sie haben vermutlich dieses Buch gekauft, um auf die Schnelle einige Tipps zu erhalten, wie Sie trotz der Hektik Ihre Berge an Arbeit vom Schreibtisch bekommen können. Und plötzlich kommt da ein planungsbesessener Verrückter daher, der jeden Ihrer Arbeitstage bis zur letzten Sekunde durchorganisieren will, sodass Ihnen überhaupt keine Zeit mehr für die eigentliche Arbeit bleibt.

Das ist jedoch ein völlig normales und gesundes Vorgehen, um seine Arbeitszeit sinnvoll einzuteilen (natürlich würde ich das auch sagen, wenn ich tatsächlich ein planungsbesessener Verrückter wäre). Ehrlich. Sobald Sie erst einmal im Rhythmus des Planens sind, wird es auch nicht viel Zeit in Anspruch nehmen, dafür sind Sie Herr Ihrer Zeit und Ihres Handelns. Vor allem können Sie sich auf die Dinge konzentrieren, die wirklich wichtig sind – auf die Aufgaben nämlich, die Sie Ihren Zielen näher bringen.

Nachdem Sie die Planungen abgeschlossen haben, sollte für jede einzelne Aufgabe ein gewisser Zeitraum zur Verfügung stehen. Vielleicht ist es nur eine Sache, die unter »Verschiedenes« oder »Korrespondenz« fällt, aber trotzdem haben Sie einige Minuten dafür fest vor-

**Organisiertes Aufschieben heißt, Aufgaben zur rechten Zeit zu erledigen**

gesehen. Falls nicht, wird es auch nicht erledigt. Sehen wir uns doch einmal den gesamten Planungsprozess an.

## Jahresplanung

Zu Beginn des Jahres sollten Sie etwa eine halbe Stunde darauf verwenden, all die Termine einzutragen, von denen Sie wissen, dass sie dieses Jahr anfallen werden:

▶ regelmäßige Konferenzen,
▶ besondere Ereignisse (Messen oder Tagungen zum Beispiel),
▶ regelmäßige Ereignisse (das wöchentliche Arbeitsessen mit dem Team beispielsweise oder die eine Stunde, die Sie am Freitagnachmittag darauf verwenden, den Ordner »Verschiedenes« abzuarbeiten),
▶ Urlaub,
▶ besondere persönliche Tage (an denen Sie früher gehen wollen, weil eines Ihrer Kinder Geburtstag hat).

Außerdem sollten Sie für jeden Monatsanfang eine Viertelstunde zur Terminplanung reservieren. Legen Sie über das Jahr verteilt ganze Tage fest, um dort an eigenen Projekten zu arbeiten. Diese Tage sollen dazu dienen, Ideen und neue Projekte zu entwickeln. Das könnte eine Sitzung mit Ihrem Team zur strategischen Planung sein, die Vorbereitung des Jahresbudgets oder die Ausarbeitung eines Vorschlags für ein neues System, mit dem sich die Produktivität Ihrer Abteilung steigern lässt. Das ist Ihre eigentliche Aufgabe und diese Zeit ist wichtig, sowohl für Ihr Unternehmen als auch für Sie. Für den Anfang sollten Sie einen Tag pro Monat dafür festlegen. Erhöhen Sie die Zahl, wenn Sie glauben, dass es machbar ist. Im Lauf des Jahres werden natürlich wichtige Konferenzen, Kundentermine, Präsentationen und dergleichen dazukommen.

## Monatsplanung

Hierbei haben Sie Gelegenheit, alle wichtigen Dinge nachzutragen, die Ihnen bei der Erstellung der Jahresplanung nicht bekannt waren. Wir sprechen hier von den Aufgaben, die Sie gegenwärtig unterzubringen versuchen. Es ist viel leichter, sie über den Monat zu verteilen und noch Zeit für Routinearbeiten und später anfallende Dinge zu haben, wenn Sie sie zu Monatsbeginn planen. Dazu gehören:

**Verschaffen Sie sich einen langfristigen Überblick über Ihre Termine**

▶ Bewerbungsgespräche und Mitarbeiterbewertungen,
▶ Besuche bei Kunden und Lieferanten,
▶ Präsentationen und deren Vorbereitung,
▶ Zeit, um Berichte und Vorschläge auszuarbeiten,
▶ Zeit, um wichtige Aufgaben zu delegieren.

Ihre monatlichen Planungen erfüllen noch einen weiteren Zweck: Sie erhalten die Möglichkeit, die Menge an Arbeit zu überschauen, die im Lauf des nächsten Monats auf Sie zukommt.

Damit können Sie nicht nur kurzfristige Prioritäten setzen, sondern auch erfassen, wie viel »freie« Zeit Ihnen bleibt. Sie wissen ja selber, wie schnell sich der Arbeitstag mit Routineaufgaben, Notfällen, den Wünschen anderer, spontanen Konferenzen und all den anderen Dingen füllt. Also sorgen Sie dafür, dass Sie ausreichend freie Zeit zur Verfügung haben. Wenn Sie schon am Monatsanfang erkennen, dass das nicht der Fall sein wird:

▶ Versuchen Sie, Konferenzen abzusagen oder sich davon zu entschuldigen;
▶ delegieren Sie Aufgaben, die Sie sich selber zugeteilt hatten;
▶ »bereinigen« Sie Ihren Terminkalender – vielleicht lassen sich zwei Außentermine auf denselben Tag verschieben? Legen Sie die beiden Planungssitzungen, für die jeweils ein halber Tag anberaumt war, auf einen Tag, sodass Sie einen vollen Arbeitstag zur freien Verfügung haben.

Egal, was Sie tun: Erliegen Sie nicht der Versuchung, die Zeit zu streichen oder zu kürzen, die eigentlich für zentrale Aufgaben zur Verfügung stehen sollte. Tun Sie das nur, wenn Sie diese Arbeiten effektiv delegieren können. Die Gefahr, gerade hier zu reduzieren, ist groß, denn häufig lassen sich diese Aufgaben am ehesten verschieben oder streichen, aber Sie dürfen niemals Ihr Hauptziel aus den Augen verlieren. Am erfolgreichsten sind die Manager, die begreifen, dass diese Aufgaben absolute Priorität haben.

## Wochenplanung

Am Montagmorgen planen Sie all die anderen
Aufgaben, die erledigt werden müssen. Das
sollte nicht länger als fünf Minuten dauern. Im
Lauf der Woche sollten Sie Zeit für Folgendes
freihalten:

▶ delegieren und überwachen der delegierten
  Aufgaben,
▶ Korrespondenz und E-Mails,
▶ Telefonanrufe,
▶ Verschiedenes,
▶ am Telefon zur Verfügung stehen (Ihr/e Assis-
  tent/in kann während hektischer Zeiten alle
  Anrufer auf beispielsweise Mittwochnach-
  mittag vertrösten),
▶ für persönliche Gespräche zur Verfügung
  stehen (ist Ihre Türe jederzeit für alles und
  jeden offen, werden Sie zu häufig abgelenkt;
  besser wäre es, bestimmte Zeiten für Mitarbeiter und Kollegen freizuhalten, sodass diese Sie sonst nur stören müssen, wenn es
  wirklich dringend ist).

Einige Punkte sollten Sie mehrmals pro Woche
ansetzen. Zwei halbstündige Termine pro Woche für Telefonate oder persönliche Gespräche
sind besser, als einmal pro Woche eine Stunde
zur Verfügung zu stehen. Auf diese Weise muss
niemand allzu lange warten, bevor er oder sie
Sie sprechen kann. Alternativ könnten Sie auch
jeden Tag die letzten 15 Minuten Ihrer Arbeitszeit dafür veranschlagen.

**Fünf Minuten
Planung am
Montagmorgen,
und Sie haben die
Woche im Griff**

## Tagesplanung

Zu Beginn jedes Tages sollten Sie sich entscheiden, wie Sie Ihre freie Zeit verteilen wollen (mit diesem System werden Sie in der Tat freie Zeit zur Verfügung haben – zumindest im Planungsstadium). Drehen Sie einmal täglich eine Runde durch das Büro und sehen Sie nach Ihren Mitarbeitern (okay, das wird nicht jeden Tag gelingen, aber wer es nicht versucht, wird es gar nicht schaffen). So spüren Ihre Leute, dass Sie sich um sie kümmern und für sie da sind. Natürlich fallen auch andere dringende Angelegenheiten an, die Sie erledigen müssen: wichtige Telefonate, ein kurzer Bericht, Problembeseitigung und so weiter. Legen Sie fest, wann Sie welche Dinge in Angriff nehmen wollen.

Beginnen Sie den Tag, indem Sie eine »Zu erledigen«-Liste erstellen. Darauf steht alles, was Sie zwischen Ihren geplanten Aktivitäten unterbringen wollen. Es kann von Vorteil sein, jedes Telefonat einzeln aufzuführen, auch wenn es effizienter ist, sie am Stück abzuarbeiten. Ihre Liste könnte wie folgt aussehen:

Telefonate:
- Hans Meier, Meier & Co. (7654-3210)
- Michael wegen Bericht
- Stefanie Müller
- Karl Schmidt, Schulz AG (01234-56789)

Zu erledigen:
- Hedges-Konto kontrollieren
- fragen, wie weit Daniela mit der Recherche für den Vorschlag ist

- Preise von Onyx
- Planung für Messe durchgehen
- E-Mail an Paul wegen Messestand

# Beginnen Sie den Tag mit einer »Heute-zu-erledigen-Liste«

# An die Arbeit!

Während Sie Ihre Gruppen planmäßig nach Prioritäten abarbeiten, delegieren, verschieben oder werfen Sie so viel weg, wie es geht. Trotzdem werden in den meisten Gruppen einige Aufgaben übrig bleiben. Diese Aufgaben müssen Sie jetzt oder zumindest möglichst bald erledigen (anders ausgedrückt: Sie sind zu eilig, um aufgeschoben zu werden). Dazu gehören vielleicht Telefonate und E-Mails, Dokumente, die gelesen werden müssen, Rechnungen, die zu unterschreiben sind, und Betriebs- sowie Personalfragen, die der Klärung bedürfen. Kurzum, es ist ein Mischmasch aus leichten und problematischen, schnellen und zeitintensiven Dingen.

Im Prinzip müssen Sie diese Aufgaben nun, nachdem Sie möglichen Störungen vorgebeugt haben, einfach so schnell und effektiv erledigen, wie es geht. Ich möchte Ihnen jedoch einige hilfreiche Ratschläge mit auf den Weg geben, damit Ihnen die Arbeit schneller von der Hand geht:

▶ Innerhalb der Gruppen werden immer wieder Punkte auftauchen, die sich schnell klären lassen. Eventuell müssen Sie einige E-Mails schreiben oder einige Anrufe tätigen. Normalerweise ist es viel effizienter, alle einander ähnlichen Aufgaben zusammen abzuarbeiten, also sparen Sie sich diese

Dinge bis zum Schluss auf. Schreiben Sie alle E-Mails oder unterzeichnen Sie alle Rechnungen, wenn Sie die jeweilige Gruppe durchgearbeitet haben. Natürlich müssen einige Dinge früher erledigt werden – vielleicht hängt das weitere Vorgehen vom Ergebnis eines Telefonats ab –, aber setzen Sie Ihren gesunden Menschenverstand ein und bündeln Sie, wo es geht. Diese Vorarbeit wird Ihnen anschließend die Arbeit ein wenig erleichtern.

▶ Wenn innerhalb einer Gruppe eine Aufgabe von einer anderen abhängt, erledigen Sie zuerst die Primäraufgabe. Wenn diese Angelegenheit länger dauern kann – falls Sie zum Beispiel auf einen Rückruf warten müssen, um eine wichtige Information zu erhalten –, sehen Sie zu, dass Sie die Dinge zu Beginn so schnell wie möglich ins Rollen bringen.

**Klären Sie sofort, was schnell geht und verschaffen Sie sich Luft für alles andere**

## Auf den Punkt

Wartet jemand auf Ihre Antwort und Sie sind in Zeitnot, können Sie sich gelegentlich etwas Luft verschaffen, indem Sie einfach den Anruf, den Brief oder die E-Mail bestätigen. Schicken Sie der Person eine Notiz oder eine E-Mail, in der Sie den Eingang bestätigen und versprechen, sich in einigen Tagen zu melden. Selbstverständlich sollten Sie sich auch tatsächlich melden, aber bis dahin haben Sie sich erst einmal zwei, drei Tage Aufschub verschafft, der Ihnen weiterhilft..

## Listen machen

Während Sie die zu erledigenden Arbeiten durchgehen, werden Sie vielleicht feststellen, dass Sie Listen machen müssen. Sind Sie in Ihrem Büro, können Sie logischerweise keine Dinge erledigen, für die Sie im Lager oder im Werk sein müssten, sich also etwa mit Maschinenproblemen beschäftigen oder persönlich mit dem Herstellungsleiter reden. Eventuell müssten Sie auch zu einer Filiale fahren oder in einen Laden, um die Produkte der Konkurrenz zu begutachten.

Dasselbe gilt, wenn Sie zu Hause arbeiten: Sie haben dort womöglich nicht Zugriff auf alles, was Sie benötigen, deshalb sollten Sie eine Liste der Dinge erstellen, die Sie bei Ihrer Rückkehr ins Büro unverzüglich angehen müssen. Arbeiten Sie abends, kann es passieren, dass Sie nicht mehr alle Leute vor morgen früh erreichen. Am Ende der »Aufräumaktion« werden Sie also Listen mit Anrufen, E-Mails oder sonstigen Dingen haben, die für den Augenblick offen bleiben.

Alles, was Sie um mehr als nur ein paar Stunden aufschieben, gehört in Ihren Terminkalender, und zwar so, wie wir es vorhin gesehen haben. Es ist jedoch unpraktisch, jeden Anruf einzeln für den folgenden Morgen in den Terminkalender einzutragen. Schreiben Sie lieber »Telefonliste abarbeiten« hin und machen eine separate Liste, während Sie Ihre Gruppen durchgehen.

Alle Aufgaben, die in einer Liste landen, sollten bereits einmal im betreffenden Unterlagenstapel festgehalten worden sein. Ihre Liste könnte also aus einem Haufen von Notizen und Dokumenten bestehen. Den meisten Menschen fällt es leichter, wenn ihre Arbeit ordentlich aussieht. Gehören Sie zu diesen Menschen, ist es für Sie vielleicht besser, eine einzige Liste zu erstellen und alle Papiere, auf die Sie sich eventuell beziehen müssen, als Anhang hinzuzufügen.

Eine lange Liste schreckt viele Menschen ab, weil sie nach furchtbar viel Arbeit aussieht. Brauchen Sie einen Schub, der Ihre Moral aufbessert, stellen Sie folgende Punkte an den Anfang Ihrer Liste:

▶ eine Aufgabe, die Ihnen Spaß und Freude bringen wird,
▶ eine Aufgabe, die sehr schnell von der Hand geht,
▶ eine Aufgabe, die Sie oder Ihre Mitarbeiter bereits erledigt haben.

**Ordnen Sie jeder Aufgabenliste die entsprechenden Unterlagen zu**

## Auf den Punkt

Manchmal muss man jemanden anrufen, von dem man weiß, dass sich die Gespräche mit ihm oder ihr häufig ungeheuer in die Länge ziehen. Fällt es Ihnen schwer, sich aus solchen Endlostelefonaten herauszuwinden, rufen Sie am besten an, wenn diese Person vermutlich nicht am Platz ist, und hinterlassen eine Nachricht auf dem Anrufbeantworter oder einem Kollegen beziehungsweise Mitarbeiter, der diese dann weiterleitet.

77

Die ersten drei Punkte werden Sie sehr schnell abgearbeitet haben, sodass Sie sie durchstreichen oder einen Haken daneben machen können. Das wird Ihnen das Gefühl geben, dass die Arbeit wirklich flott von der Hand geht. Lassen Sie sich dadurch jedoch nicht täuschen.

## Entscheidungen treffen

Nicht alle noch ausstehenden Aufgaben werden notwendigerweise schwierig sein. Das Problem besteht häufig nur darin, erst einmal die Zeit zu finden, um sich darum zu kümmern, aber das haben Sie ja jetzt geschafft. Die Dinge, die bei Managern in Zeitnot jedoch am häufigsten liegen bleiben, sind diejenigen, die eine Entscheidung erfordern. Ich möchte Ihnen hier einige Tipps geben, wie Sie schnell Entscheidungen treffen können.

Ihr momentanes Ziel besteht darin, mit der Arbeit wieder auf den neuesten Stand zu kommen. Das heißt, es ist jetzt kein günstiger Zeitpunkt, um zu überlegen, wer entlassen wird oder ob die gesamte Buchhaltung künftig extern erledigt werden soll. Stehen Entscheidungen in dieser Größenordnung an, planen Sie sie für einen späteren Zeitpunkt ein. Gegenwärtig sind wir mit alltäglicheren, aber nichtsdestotrotz wichtigen Fragen wie den folgenden beschäftigt:

▶ Wie groß sollte die Gehaltserhöhung für XY sein?
▶ Welche Firmenwagen sollten wir am besten bestellen?

- ▶ Welchem Bewerber oder welcher Bewerberin bieten wir den Posten im Verkauf an?
- ▶ Sollten wir den Plan für die Erweiterung des Firmenparkplatzes jetzt umsetzen?
- ▶ Sollte ich das Konzept, das mir ein Untergebener vorgelegt hat, verabschieden?

Meistens sind es Entscheidungen dieser Art, die sich auf Ihrem Schreibtisch ansammeln ... bis jetzt. Natürlich wollen Sie nicht nur eine schnelle Entscheidung fällen, sondern auch eine gute. Schnell gute Entscheidungen zu fällen, ist eines der Erfolgskennzeichen eines Managers. Welche Technik steckt dahinter?

Viele Entscheidungen sind so einfach, dass Sie sie gar nicht bemerken: Zu welcher Uhrzeit soll die Konferenz stattfinden? Wer soll diese Aufgabe übernehmen? Bei anderen fällt die Entscheidung nicht schwer, weil die Lösung klar ist: Für den Posten gab es nur einen passenden Bewerber, deshalb ist kein großes Kopfzerbrechen nötig. Aber das sind vermutlich auch nicht die Entscheidungen, die Sie vor sich herschieben.

Dies sind die wichtigsten Überlegungen, die Sie anstellen sollten, wenn in Ihrem Arbeitsstapel knifflige Entscheidungen auf Sie warten:

- ▶ Sollten Sie diese Entscheidung treffen? Manchmal schieben wir Entscheidungen auf die lange Bank, weil wir tief im Innern wissen, dass jemand anderes diese Entscheidung fällen sollte oder dass die ganze Prämisse falsch ist. Wie können Sie bei-

## Treffen Sie während der Aufräumphase keine grundsätzlichen Entscheidungen

spielsweise zu einem Beschluss über die Markteinführung eines neuen Produkts kommen, wenn Sie sich ernsthaft fragen, ob das Produkt überhaupt markttauglich ist? Womöglich wollen wir die Entscheidung gar nicht treffen, da wir wissen, dass wir nicht über ausreichende Informationen verfügen, um zu einem Entschluss zu gelangen. Also lösen Sie das Problem, indem Sie die Entscheidung weiterreichen. Regen Sie eine Diskussion über Ihre Bedenken in Bezug auf das neue Produkt an und bitten Sie um mehr Informationen, bevor Sie eine Entscheidung treffen.

► Was ist Ihr Ziel? Schon wieder Zielsetzung? Jawohl, ich fürchte, ja. Worum geht es bei dieser Entscheidung? Was wollen Sie damit erreichen? Das Ziel könnte für Sie darin bestehen, Ihren Angestellten ein Gehalt zu zahlen, das im Rahmen des Möglichen ist, den Wert ihrer Posten widerspiegelt und sie zu noch mehr Leistung anspornt. Es könnte darin bestehen, für alle Angestellten und Besucher innerhalb eines begrenzten Finanzrahmens für genügend Parkplätze zu sorgen. Wenn Sie nicht genau wissen, was Sie mit Ihrem Beschluss erreichen wollen, können Sie nicht die richtige Entscheidung treffen.

► Sammeln Sie so viele Informationen, wie Sie nur können. Wie ich bereits sagte, könnte es sein, dass Sie sich nicht ausreichend unterrichtet fühlen. Ist der Zeitpunkt der Entscheidung gekommen, sollten Sie sicher sein, dass Ihnen keine relevanten Daten fehlen. Wenn Sie nicht wissen, welche Leistungen Ihr Mitarbeiter in den vergangenen Monaten gezeigt hat, wie soll das Gehalt den Wert des Postens und der Aufgaben reflektieren?

▶ Treffen Sie keine Entscheidung, die Sie nicht auch umsetzen können. Schließen Sie alle Möglichkeiten aus, die nicht zu erreichen sind. Es wäre sinnlos, einen Ausbau des Parkplatzes zu beschließen, wenn dies nicht ohne massive Umbauarbeiten zu schaffen wäre, für die Ihnen das Geld fehlt.

▶ Hören Sie auf Ihr Bauchgefühl. Viele Menschen machen sich darüber lustig, andere vertrauen ihm einfach nicht. Im Allgemeinen ist es nicht klug, eine Entscheidung allein aus der Intuition heraus zu fällen, aber wenn Sie alle notwendigen Daten vorliegen haben und sich trotzdem nicht entscheiden können, wird Ihnen Ihre Eingebung häufig zu einem bestimmten Weg raten. Hören Sie dieser inneren Stimme genauso gut zu wie einem erfahrenen Berater.

**Sind Entscheidungen unumgänglich, so hören Sie auf Ihren Bauch oder beziehen andere mit ein**

## Auf den Punkt

Warum ziehen Sie nicht jemanden zurate? Vielleicht standen andere schon einmal vor einer ähnlichen Entscheidung oder haben auf diesem Gebiet mehr Erfahrung als Sie. Sie müssen den Rat ja nicht unbedingt befolgen, aber möglicherweise hilft es Ihnen, zu einem Urteil zu gelangen.

▶ Erzwingen Sie keine Entscheidung, wenn es nicht unumgänglich ist. Nur weil Sie Ihren Schreibtisch von Arbeitsbergen befreien müssen, ist es nicht unbedingt ein kluger Schachzug, jede Entscheidung sofort zu treffen. Wenn sich die Situation nicht ändern wird und keine neuen Informationen mehr kommen können, werden Sie in einem Monat bei der Entscheidungsfindung genauso weit sein wie jetzt. Ist ein Entschluss jedoch nicht dringend und Sie haben das Gefühl, dass Ihnen mehr Zeit helfen kann – und sei es nur, um die Sache noch einmal zu überschlafen und einen klaren Kopf zu bekommen –, hat es keinen Sinn, auf der Stelle zu entscheiden, nur weil der Punkt jetzt gerade auf Ihrem Zettel steht.

▶ Wenn Sie eine Entscheidung treffen müssen, tun Sie es. Sollen Sie sich möglichst schnell entscheiden (oder hätten Sie es gar schon letzte Woche tun sollen), müssen Sie lernen, es auch wirklich durchzuziehen. Vermutlich werden Ihnen niemals genügend Informationen zur Verfügung stehen, um eine perfekte Entscheidung zu garantieren, aber auch die Geschwindigkeit ist wichtig. Eine richtige Entscheidung, die zu spät getroffen wird, kann schlimmere Folgen haben als eine nicht ganz so perfekte Entscheidung, die schnell erfolgte. Das endlose Abwägen von Pro und Kontra ist eines der größten Hindernisse beim erfolgreichen Entscheiden, deshalb muss ein dynamischer Manager lernen, wann der richtige Zeitpunkt gekom-

## Auf den Punkt

Sind Sie völlig unschlüssig, zu welcher Seite Sie sich entscheiden sollen, werfen Sie doch einfach eine Münze. Haben Sie jedes Pro und Kontra sorgfältig durchdacht, können sich aber trotzdem nicht entscheiden, ist es vermutlich egal, zu welchem Entschluss Sie kommen. Also treffen Sie einfach eine Entscheidung.

men ist. Lieber ein adäquater Entschluss als überhaupt keiner. Manchmal birgt jeder Lösungsweg Nachteile, aber trotzdem müssen Sie einen davon wählen.

▶ Stehen Sie zu Ihrer Entscheidung. Sobald Sie Ihren Beschluss gefasst haben, sollten Sie daran festhalten. Dazu gehört auch, offiziell dazu zu stehen. Bleiben Sie standhaft, wenn Ihr Mitarbeiter schimpft, weil die Gehaltserhöhung niedriger ausgefallen ist als gewünscht. War es die richtige Entscheidung, drücken Sie aus, dass Sie seine Gefühle verstehen, aber geraten Sie nicht ins Wanken.

▶ Seien Sie darauf vorbereitet, Ihre Entscheidung anderen gegenüber vertreten zu müssen. Eine richtige Entscheidung ist nicht immer auch eine populäre. Also bereiten Sie sich darauf vor, andere Leute davon zu überzeugen, dass es vielleicht nicht das ist, was sie wollten, aber doch das Vorteilhafteste. Vielleicht wollten sie einen besseren Parkplatz oder andere Firmenwagen, des-

**Haben Sie eine Entscheidung getroffen, so stehen Sie zu ihr**

halb sollten Sie erklären können, weshalb es so am besten ist.

Befolgen Sie diese Richtlinien und es dürfte Ihnen leicht fallen, die Beschlüsse zu fassen, die mit am Stau auf Ihrem Schreibtisch schuld sind. Gleichzeitig zeigen Sie dabei eine wichtige Managementfähigkeit, auf die Sie zu Recht stolz sein können.

## Lesen

Zu den schlimmsten Dingen, die sich in vielen Arbeitsstapeln türmen, gehören die scheinbar endlosen Mengen an Schriftstücken, die gelesen werden müssen: lange Berichte, Entwürfe, Rechercheunterlagen, Zeitungen und Zeitschriften, Protokolle der Sitzungen, an denen Sie nicht teilgenommen haben, und so weiter. Wie um Himmels willen sollen Sie das bloß alles lesen in der kurzen Zeit, die Ihnen zur Verfügung steht? Sehen wir den Tatsachen ins Auge – das ist unmöglich.

Ob wohl jeder andere Manager, Ihr Boss und der Aufsichtsrat vor einem ähnlichen Problem stehen? Darauf können Sie wetten. Und wie lösen die ihr Problem? Dafür gibt es zwei Möglichkeiten – die eine ist langfristiger Art und besteht darin, das Schnelllesen zu lernen. Heute haben Sie dafür keine Zeit, aber ich möchte Ihnen diese Methode dringend ans Herz legen, wenn Sie regelmäßig große Mengen lesen müssen.

Die zweite Möglichkeit? Lesen Sie nur das, was Sie müssen. Sie müssen nicht jedes Wort von

## Auf den Punkt

Auch wenn Sie nicht alles lesen müssen, was auf Ihrem Schreibtisch landet, müssen Sie doch zumindest einiges davon lesen. Also setzen Sie in Ihrem Terminkalender jede Woche eine gewisse Menge Zeit an, in der Sie dann lesen können.

jedem Schriftstück, das auf Ihrem Schreibtisch landet, gesehen haben. Hier sind einige Ratschläge, wie Sie diese Mengen auf ein Minimum reduzieren können:

▶ Nur weil Ihnen jemand etwas zu lesen gibt, bedeutet das nicht automatisch, dass Sie es auch lesen müssen. Sie selbst bestimmen, was Ihre Aufmerksamkeit verlangt und was nicht. Wägen Sie es gegen Ihr Hauptziel ab: »Muss ich diesen Text wirklich lesen, um meine Ziele zu erreichen?«

▶ Lesen Sie bei einem Buch zuerst die Inhaltsangabe und die Einleitung. Vielleicht steht dort schon alles, was Sie wissen müssen, oder Sie sehen, dass es Zeitverschwendung wäre, das ganze Buch zu lesen. So haben Sie wertvolle Minuten für andere Tätigkeiten gewonnen.

▶ Bitten Sie andere Leute, an Ihrer Stelle Artikel oder Dokumente zu lesen und Ihnen eine kurze mündliche oder schriftliche Zusammenfassung zu liefern und alle Passagen, die sie für wichtig erachten, zu unterstreichen oder auszuschneiden.

**Bestimmen Sie selbst, was Ihre Aufmerksamkeit verlangt und was nicht**

- ▶ Viele Bücher, Berichte und Vorschläge enthalten ein kurzes Resümee oder Kapitelzusammenfassungen. Häufig genügt es, diese Abschnitte zu studieren.
- ▶ Gibt es kein Resümee, so enthalten gut geschriebene Schriftstücke häufig wenigstens einige zusammenfassende Worte am Ende jedes Abschnitts. Versuchen Sie, nur den ersten und den letzten Absatz jedes Abschnitts zu lesen. Das sollte Ihnen dabei helfen zu entscheiden, ob Sie einen Abschnitt gründlicher lesen müssen oder ob Sie ihn bedenkenlos überspringen können.
- ▶ Wenn Sie Branchenblätter oder Zeitungen abonniert haben, suchen Sie sich nur die zwei oder drei für Sie wichtigsten Artikel heraus. Lesen Sie sie und werfen Sie den Rest weg.

Wenn Sie es bis hierhin geschafft haben, sollten Sie wieder Boden unter den Füßen haben. Jetzt müssen Sie nur noch vermeiden, wieder in eine ähnliche Situation zu geraten. Befolgen Sie die »Für das nächste Mal«-Tipps in diesem Buch und es sollte kein nächstes Mal mehr geben.

## Auf den Punkt

Für all Ihre Mitarbeiter sollte die Regel gelten, dass jeder Bericht, jeder Entwurf und jedes andere Schriftstück ein Resümee von maximal einer DIN-A4-Seite Länge haben sollte. Memos und interne E-Mails sollten diese Länge ebenfalls nicht überschreiten.

## Für das nächste Mal

Theoretisch sollten Sie nicht noch einmal mit Ihrer Arbeit in Verzug geraten (Geschäftstheorien sind eine tolle Sache, nicht wahr? Immer für einen Lacher gut). Aber im Ernst: Mit ein wenig Übung und einer ordentlichen Portion Disziplin kann es funktionieren. Wir alle schieben immer wieder die gleichen Dokumente auf dem Schreibtisch hin und her, bis Tage oder Wochen ins Land gehen (na schön, manchmal auch Monate) und wir uns endlich darum kümmern. Die Lösung besteht darin, dass wir uns, sobald ein Schriftstück auf unserem Tisch landet, darum kümmern und es schnellstmöglich weiterbefördern. Dafür gibt es nur vier Möglichkeiten:

**Delegieren Sie die Lektüre, und lassen Sie sich wichtige Veröffentlichungen zusammenfassen**

▶ Schmeißen Sie es weg. Erinnern Sie sich an all die Unterlagen, die Sie vorhin aussortiert und weggeworfen haben? Wie viele hätten Sie vor Wochen gleich entsorgen können, als sie auf Ihrem Schreibtisch gelandet sind? Wer clever denkt, erkennt Müll auf den ersten Blick.

▶ Sortieren Sie es ein. Ich habe davon gesprochen, wie gut es ist, von Anfang an für wichtige Projekte eigene Ordner zu haben. Wenn Sie also Unterlagen aufbewahren müssen und noch nicht archivieren können, legen Sie sie wenigstens in Ihrem »Präsentationen«-Ordner, dem »Budget«-Ordner oder dem »Personal«-Ordner ab.

▶ Geben Sie es weiter. Lässt sich die Aufgabe an einen Kollegen weiterreichen oder an jemanden delegieren, tun Sie es gleich, anstatt die Dinge zwei Wochen auf Ihrem Schreibtisch Staub ansammeln zu lassen und sie dann erst weiterzugeben.

▶ Handeln Sie. Legen Sie sich keinen Ordner mit noch zu erledigenden Dingen zu. Wenn es geht, handeln Sie unverzüglich. Ist das nicht möglich, geraten Sie in Verzug (darüber wissen wir ja nun bestens Bescheid, oder?) und Sie reagieren ständig auf Dokumente aus der vergangenen Woche oder dem vergangenen Monat. Jetzt, wo Sie mit Ihrer Arbeit endlich auf dem aktuellen Stand sind, sollten Sie zusehen, dass Sie die Nase auch weiterhin vorne haben.

# Wenn Sie nur einen halben Tag Zeit haben

Haben Sie nur einen halben Tag Zeit, um mit Ihrer Arbeit wieder auf den aktuellen Stand zu kommen? Entspannen Sie sich, das ist mehr als genug. Selbst der schlimmste Überhang lässt sich in drei oder vier Stunden beseitigen. Als Erstes sollten Sie dieses Buch durchlesen. Das wird maximal eine Stunde dauern und danach wissen Sie alles, was Sie wissen müssen. Sie sollten die Abschnitte der Reihe nach durchgehen und Ihre Aufgaben entsprechend organisieren – indem Sie Prioritäten setzen und die Arbeit in Gruppen sortieren. Dabei ist es wichtig, dass die wirklich dringenden Dinge heute noch erledigt werden, also planen Sie die Zeit dementsprechend, bevor Sie die Gruppen abarbeiten. Auf diese Weise werden die wichtigsten Sachen bearbeitet, egal, wie wenig Zeit Sie haben.

Anschließend müssen Sie die beschriebenen Schritte befolgen. Noch einmal die wichtigsten Punkte, die es zu bedenken gilt:

▶ Legen Sie fest, worin Ihr Hauptziel besteht; kategorisieren Sie die Aufgaben nach Gruppen und legen Sie die Prioritäten fest. Das

**Erledigen Sie wirklich Dringendes noch heute**

sind die wichtigsten Vorbereitungsschritte, also überspringen Sie sie nicht. Auf lange Sicht werden Sie so viel mehr Zeit sparen, als wenn Sie diese Punkte einfach übergehen. Außerdem werden sie dafür sorgen, dass die Arbeit effektiv erledigt wird.

► Vermutlich werden Sie eine Menge Arbeit delegieren müssen, also seien Sie nicht zögerlich bei der Beantwortung der Frage, ob jemand anderes sich darum kümmern kann. Wenn Sie mit einem – unabhängig von der Größe – guten Team zusammenarbeiten, lassen sich die meisten Aufgaben weiterreichen. Sind Sie es bislang nicht gewohnt, viel zu delegieren, werden Sie sich schnell umgewöhnen müssen.

► Auch wenn Sie eine Aufgabe nicht komplett abgeben können, spricht nichts dagegen, Teilarbeiten weiterzuleiten. Vielleicht müssen Sie aktiv an den Vorbereitungen für die Messe nächste Woche beteiligt sein, aber jemand anderes kann sich mit dem Aufbau des Stands und der Erstellung der Druckunterlagen beschäftigen.

► Sie werden zudem eine ganze Reihe von Aufgaben verschieben müssen. Hierbei ist es wichtig, ihre Bearbeitung so bald wie möglich anzusetzen, bevor wieder alles aus dem Ruder läuft. Bleiben Sie bei der Beurteilung Ihrer Möglichkeiten jedoch realistisch. Es wird immer wieder zu Störungen und Notfällen kommen. Haben Sie diese Möglichkeiten nicht berücksichtigt, werden Sie schnell in Rückstand geraten und den Mut verlieren.

▶ Haben Sie einen halben Tag Zeit und es handelt sich dabei um einen Abend, ist die Wahrscheinlichkeit geringer, dass es zu Störungen kommt. Andererseits dürfte es schwieriger sein, andere Leute zu erreichen. Also machen Sie sich eine Liste der Dinge, die Sie angehen müssen, sobald wieder normale Bürozeiten herrschen. Beginnen Sie früh am Morgen und erledigen Sie so viel wie möglich, bevor die anderen ins Büro kommen. Die Zeit, die dadurch frei wird, sollten Sie nutzen, um Ihre Anrufliste abzuarbeiten.

Sie werden feststellen, dass ein halber Tag ausreicht, um die Berge an Arbeit auf Ihrem Schreibtisch aus der Welt zu schaffen. Bis zum Ende des halben Tages wird nicht alles erledigt sein, aber zumindest werden Sie die Kontrolle zurückgewonnen haben. Also geraten Sie nicht in Panik, entspannen Sie sich und legen Sie los. Bevor Sie sich's versehen, wird die Welt schon wieder weitaus freundlicher erscheinen.

**Nutzen Sie für die Aufräumarbeiten die ruhigen frühen Morgenstunden**

# Wenn Sie nur eine Stunde Zeit haben

Sie haben eine Stunde Zeit – eine einzige, magere Stunde –, um den Überhang mehrerer Wochen oder gar Monate aufzuarbeiten? Offensichtlich haben Sie einen dieser Jobs, bei dem einem die Arbeit gern über den Kopf wächst. Seien wir einen Moment lang realistisch: Können Sie wirklich die ganze Arbeit in nur einer Stunde aufholen? Natürlich nicht. Warum haben wir in diesem Buch also ein Kapitel, das »Wenn Sie nur eine Stunde Zeit haben?« heißt? Glauben Sie wirklich, wir wollen Sie auf den Arm nehmen? – Nein, das ist gewiss nicht unsere Absicht!

Die Arbeit können Sie nicht innerhalb einer Stunde erledigen, aber Sie können die Grundlagen dafür legen, und mehr ist auch nicht nötig. Also, wie sollen Sie vorgehen, um doch noch alles termingerecht und gut über die Bühne zu bringen?

▶ Über dringende Aufgaben denken Sie am besten gar nicht erst nach; die müssen warten, bis diese einstündige Blitzaktion vorbei ist und Sie sich in gewohnter Weise darum kümmern können.

- Lesen Sie das Kapitel »Wie delegieren Sie richtig?«, um zu erfahren, wie man richtig delegiert. Sie werden es brauchen.
- Lesen Sie das Kapitel »Das Problem«, um zu erfahren, wie Sie sich Zeit verschaffen. Keine Panik – zumindest für den Anfang ist das alles, was Sie lesen müssen.
- Auf der Grundlage dieser zwei Kapitel verschaffen Sie sich so schnell wie möglich eine Stunde Zeit – abends vor dem Schlafengehen wäre gut –, um dieses Buch ganz zu lesen.
- Jetzt sollten Sie mindestens einen halben Tag einplanen, besser noch einen ganzen Tag, um den Inhalt dieses Buches in die Tat umzusetzen. Sorgen Sie unter allen Umständen dafür, dass dies innerhalb der nächsten Woche geschieht. Es ist sinnvoll, in den nächsten Tagen eine Stunde eher zur Arbeit zu kommen (ich weiß, ich weiß – wahrscheinlich stehen Sie ohnehin schon eine halbe Stunde vor dem Zubettgehen auf, um alles wenigstens einigermaßen zu schaffen). Oder können Sie einen Abend im Büro bleiben, um Ihren Schreibtisch aufzuräumen?

**Eine Stunde genügt, um die Weichen richtig zu stellen**

Haben Sie nach dem Lesen dieses Abschnitts noch etwas Zeit, lehnen Sie sich zurück und drehen Sie Däumchen. Oder fangen Sie gleich damit an, das Buch zu lesen. Bis zum Feierabend werden Sie Ihre Berge an Arbeit nicht aus der Welt geschafft haben, aber Sie werden deutliche Schritte in die richtige Richtung machen. Und mit ein wenig schnellem Denken werden Sie in kürzester Zeit alles wieder im Griff haben. Also, entspannen Sie sich, Sie haben es sich verdient!